COMMUNICATE WITH MASTERY

HOW TO SPEAK WITH CONVICTION
AND WRITE FOR IMPACT

斯坦福大学沟通课

学会讲话与写作

[美] J.D.施拉姆（J. D. Schramm）
[美] 卡拉·莱维（Kara Levy） —— 著

包丽歌 —— 译

清华大学出版社
北京

北京市版权局著作权合同登记号　　图字：01-2021-5175

J.D. Schramm, Kara Levy
Communicate with mastery : how to speak with conviction and write for impact
EISBN: 9781119550099
Copyright © 2020 by John Wiley & Sons, Inc. All Rights reserved.
Original language published by John Wiley & Sons, Inc. All rights reserved.
本书原版由 John Wiley & Sons, Inc. 出版。版权所有，盗印必究。
Tsinghua University Press is authorized by John Wiley & Sons, Inc. to publish and distribute exclusively this Simplified Chinese edition. This edition is authorized for sale in the People's Republic of China only (excluding Hong Kong, Macao SAR and Taiwan). Unauthorized export of this edition is a violation of the Copyright Act. No part of this publication may be reproduced or distributed by any means, or stored in a database or retrieval system, without the prior written permission of the publisher.
本中文简体字翻译版由 John Wiley & Sons, Inc. 授权清华大学出版社独家出版发行。此版本仅限在中华人民共和国境内 (不包括中国香港、澳门特别行政区及中国台湾地区) 销售。未经授权的本书出口将被视为违反版权法的行为。未经出版者预先书面许可，不得以任何方式复制或发行本书的任何部分。

本书封面贴有 John Wiley 防伪标签，无标签者不得销售。
版权所有，侵权必究。举报：010-62782989，beiqinquan@tup.tsinghua.edu.cn。

图书在版编目（CIP）数据

斯坦福大学沟通课：学会讲话与写作 / (美) J.D.施拉姆 (J. D. Schramm) , (美) 卡拉·莱维(Kara Levy) 著；包丽歌译. —北京：清华大学出版社，2023.9（2024.9重印）
（新时代·职场新技能）
书名原文：Communicate with mastery : how to speak with conviction and write for impact
ISBN 978-7-302-61969-7

Ⅰ.①斯…　Ⅱ.①J…　②卡…　③包…　Ⅲ.①口才学②写作学　Ⅳ.①H019②H05

中国版本图书馆CIP数据核字(2022)第201725号

责任编辑：刘　洋
封面设计：徐　超
责任校对：王荣静
责任印制：丛怀宇

出版发行：清华大学出版社
　　　　　网　　址：https://www.tup.com.cn, https://www.wqxuetang.com
　　　　　地　　址：北京清华大学学研大厦A座　　　　　邮　　编：100084
　　　　　社 总 机：010-83470000　　　　　　　　　　邮　　购：010-62786544
　　　　　投稿与读者服务：010-62776969, c-service@tup.tsinghua.edu.cn
　　　　　质 量 反 馈：010-62772015, zhiliang@tup.tsinghua.edu.cn
印 装 者：三河市东方印刷有限公司
经　　销：全国新华书店
开　　本：148mm×210mm　　　印　　张：7.25　　　字　　数：153千字
版　　次：2023 年 9 月第 1 版　　　印　　次：2024 年 9 月第 2 次印刷
定　　价：68.00元

产品编号：089524-01

　　作为企业的领导者，你是否时常会感到苦闷：为什么员工无法有效执行你的部署？为什么合作伙伴不肯认同你的策略？为什么客户总是一副漠不关心的样子？《斯坦福大学沟通课：学会讲话与写作》可以给你答案。

　　J.D.施拉姆教授于2007年在斯坦福大学商学院开设此课程，将其多年的教学经验汇集成为本书，为你提供沟通的理论和有效的策略。

　　本书包括三个部分：第一部分属于理论基础，介绍AIM模型，帮助领导者分析沟通的受众、意图和信息，明确沟通的方向。此外，还提供补充模型：领导力沟通画布模型，将分析流程化，提高沟通效率。

　　第二部分结合沟通的目标和环境以及沟通者的身份，将理论与实际相结合，提出具体策略。进一步引导读者根据自身特殊性灵活使用模型。

　　第三部分中，作者强调了沟通培训的重要性，不仅仅是要学会沟通培训中的内容，还要掌握培训本身的方法，真正做到授人以渔。

献词

　　谨以此书献给我的家人：肯、托比、罗姆以及约书亚——你们是我最伟大的老师，教会我如何进行沟通，不断接近"精通"的境界。朝夕相处的人们犹如一面面明镜，映射着彼此沟通的一幕幕。对我来说，我的爱人肯和我们共同的三个孩子就是我的明镜。我很遗憾让这本书占用彼此太多宝贵的时间，不过我正在努力使用自己所学到的所有内容，与他人分享并汲取更多的智慧，以便更好地与你们相处。

——J.D. 施拉姆

　　谨以此书献给斯坦福大学、哥伦比亚大学、纽约大学的学生们——感谢你们，让我有幸成为你们的老师。但我也从你们身上学到了很多，有时甚至比我教你们的还要多。愿我们永远保持着这样的关系。

——J.D. 施拉姆

　　谨以此书献给我的导师、同事，尤其是参加过我的培训、跟我学习过沟通的领导者们，你们令我欢欣鼓舞，每天都能从你们身上学到很多，对此，我心怀感激。

——卡拉·莱维

推荐语

《斯坦福大学沟通课：学会讲话与写作》是一本针对展示与沟通的指导手册，寓教于乐。J.D. 作为沟通者，通过自信得体的自我剖析，为读者指引了方向。施拉姆结合自己 20 多年的教学经验编著成这本通俗易懂的手册，从而为读者提供各种沟通工具，帮助他们起草有影响力的文字，迎接沟通中的各种挑战。

——斯蒂芬·梅拉斯（Stephen J. Mellas），

全球资产管理公司（AQR）负责人，

纽约大学斯特恩商学院客座教授

这本书很有趣，施拉姆根据自己多年来的教学与咨询经验，为我们提供了具有可行性的建议，告诉我们如何更加有效地进行沟通。他详细介绍了各种方法，指导我们了解受众，发现自己的声音，讲出引人入胜的故事，真诚地与人沟通。施拉姆认为并不存在完美的展示或者报告。但如果我们愿意寻求反馈、积极倾听、迭代更新，那么总能做得更好。这本书堪称精品杰作，帮助你打动受众。

——迈克尔·罗伯托（Michael Roberto），

著有《释放创造力》，

布莱恩特大学管理学教授

　　我们的客户和学生经常问我：怎么区分自信的领导者和傲慢的领导者？我的回答：自信的领导者会分享。《斯坦福大学沟通课：学会讲话与写作》告诉我们，分享是基础。对于任何一位领导者来说，懂得分享才能提高领导者的效率，书中的每一页都是干货；《斯坦福大学沟通课：学会讲话与写作》中有各种各样的策略；有些策略是全新的，还有一些策略则是久经考验的，但是本书中的每一个词都为我们打开了一个全新的世界，等着我们去探索，这个世界就像一个熔炉，每一个在位的或处于成长期的领导者都可以通过它考验自己的勇气和毅力。无论你是什么样的领导者——初涉此道、努力奋进抑或是已经功成名就——都能从本书中受益。

——蒂姆·弗洛德（Tim Flood），

管理交流协会常务董事，

北卡罗莱纳大学克南—弗拉格勒商学院副教授

　　简单、易学，为每一个希望提高沟通技能的人提供指导。施拉姆非常专业，知道如何与正在阅读本书或者将要阅读本书的读者建立连接，或者更为严格地说，他是设身处地、真正了解自己的读者。

——迈克·刘易斯（Mike Lewis），

著有《这份工作，你真的想做一辈子吗？》

　　许多此类书的作者都鼓励领导者成为一名有权威的沟通者，但是施拉姆做得更加到位，他提供了许多框架和方案指导人们进行有权威性的沟通。我在自己做展示的时候就使用了很多他教授的技巧，我很高兴他把这些内容都浓缩在本书中，其他人也能够从他的智慧中受益。

——艾琳·乌里图斯（Erin Uritus），

Out & Equal 新任首席执行官

《斯坦福大学沟通课：学会讲话与写作》是施拉姆为我们提供的一本教科书，它操作性强，能帮助领导者处理职业生涯中可能出现的各种沟通挑战。作者反对给出所谓的"万能"法门，他做的事情是让读者审视自己的内心，寻找出有力量的、权威的信息，与自己的受众产生共鸣。身陷歧视和偏见的少数群体总是会遇到各种各样的沟通难题，没有人比施拉姆更有资格处理这方面的问题，他的智慧就蕴含在本书中。比如，施拉姆鼓励少数群体的领导者避免使用习惯性的躲藏和忽略的方式应对，而是通过公开、示弱、诚实的方式来处理。成功专业的沟通，最终是以人与人之间稳定、真诚的人际关系为基础的，这是施拉姆给我们上的重要一课。

——约翰·特德斯特罗姆（John Tedstrom），

新生代领导者网站（NextGen Leaders）创始人

施拉姆的写作风格引人入胜且切合实际，综合了沟通中最重要、最相关的观点。《斯坦福大学沟通课：学会讲话与写作》为领导者提供了工具，让领导者形成权威的自我风格，确立强悍的气场。精通是一个不断发展的过程，施拉姆激励着我们使用他提供的策略让我们在一生中不断地完善自我，受益终生。

——莫莉·爱泼斯坦（Molly Epstein），

埃默里大学戈伊苏埃塔商学院组织与管理学客座教授

序言

现代管理学之父——彼得·德鲁克（Peter Drucker）虽然已不在人世，但我还记得在自己刚刚开始工作的时候，在克莱蒙特学院聆听过他的教诲。他告诉我要"扬长避短"，使我受益终身。在此之前，我和他的教诲背道而驰，我曾一直努力解决我的短板，却忽略了与生俱来的能力，结果往往徒劳无功。

阿尔卑斯投资公司创始人格雷厄姆·韦弗（Graham Weaver）每年都会到斯坦福大学，给我校 MBA（Master of Business Adimination，工商管理硕士）班二年级的学生上一堂课。对学生们来说，他的课很有意义，其中最有启发性的是一个简单的比喻："给花浇水，把草拔掉。"这和德鲁克多年前面对那个满怀抱负的年轻人所给出的建议如出一辙。尽管这是条至理名言，但是大多数人面对机遇和挑战时的一贯做法却与之截然相反。

当我们尽力让沟通变得有效时，这个道理同样适用。很多书籍极力鼓励领导者在沟通时要富有激情、提高效率，但它们很少教我们如何做到扬长避短。你手中的这本书将为你指明方向。

施拉姆是我的朋友也是我的同事，他在这一个领域抓住了问题的核心，这也是他在斯坦福大学教授学生作为领导者该如何说话和写作的精髓。他不但向所有人开放了他的课堂，还请来了在斯坦福大学学习过这些课程的培训师一同座谈、分享经验。

今天的领导者需要具备的诸多技能，我认为归根到底还是清晰的思路以及清晰的沟通。当你在讲话、写作的时候，要"培育出沟通的花朵，除去干扰的杂草"。这本书会带给你必要的启迪。

继续阅读，享受施拉姆为你开启的沟通之旅。

乔尔·彼得森（Joel Peterson）

捷蓝航空董事长

导言

在过去的 10 年里，我们在斯坦福大学商学院开发了一套沟通培训课程，让 MBA 的学生能够有效地进行真正的沟通。我们鼓励学生进行尝试，历经沟通的四个阶段，从一开始的"不确定"，到"胜任"，再到"熟练"，最后达到"精通"。

我一直犹豫要不要用"不确定"这个词，因为每年秋天迎来新生的时候，都会发现他们在沟通方面的经验和能力千差万别。有些学生一想到要在大家面前讲话或者让别人看他写的东西就会紧张；而另外一些在咨询业、银行业或者投资行业摸爬滚打多年的学生深谙此道，甚至感觉从我们的培训中已经学不到什么东西了；更有甚者已经出版了多本书籍，还在达沃斯论坛或者 TED^①上做过演讲。想要找一个讲授沟通的"万能"法门简直是天方夜谭。其他学校的前辈也和我分享过一些故事，他们告诉我面对差异如此之大的学生，沟通这门必修课有多难讲。

所以，我们决定不再增加商学院的必修课目，而是另辟蹊径，尽可能补充完善一些适合某一特定人群的专属选修沟通内容。通过这样的调整，我们的课程变得炙手可热，大家排着队等着上。2007 年秋天还一无所有，但到了 2019 年我开始着手写这本书的时候，我们已经开设了 20 个不同程度的沟通课程，授课的老师也增加到了 5 人，甚至连那些享受教师终身制②的老师也加入其中，授课内容包括行为能力、销售、关键沟通等另外 20 门相关的课程，而这一切在 2007 年还都是一片空白。年复一年，学生们都说在这里接受的沟通训练对他们日后的成功起到了关键作用。现在，通过这本书，不需要花费时间和金钱到斯坦福大学商学院来学习，你也能够掌握"成功秘方"中的基本要素，建立起自己的沟通技巧，或者培训你的员工（当然了，如果能获得学位，你的收益会更多……所以，我们还是鼓励你来报考我们学院）。

我们特意使用了"精通"一词来描述我们在斯坦福大学商学院所做的工作，而本书也是在诠释"精通"这个词的真正含义。"精通"这个词源于丹尼尔·平克（Daniel Pink）关于动机的著作《驱动力：动机的惊人真相》，他测试了动机的三个因素：自律、精通以及目的。他将"精通"定义为：不断完善重要事情的渴求。他进一步说明，"精通"是一条渐近线，我们可以无限接近，却永远难以企及（见图 I-1）。

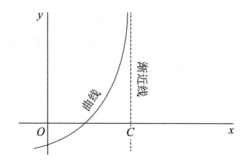

图 I-1　几何更新：渐近线图形

在斯坦福，我们一直提醒学生，沟通时要把"精通"定为一生的奋斗目标（见图 I-2）。这个世上根本不存在完美的邮件、谈话、书籍或是演示。领导力沟通中的每个部分都有改进的空间。通过逐次迭代，我们希望领导者们能够了解，他们尚未达到完美，还需要不断地提高自己的沟通能力。

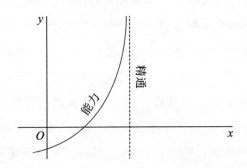

图 I-2　领导者沟通中渐进"精通"的过程

为提高年轻领导者的沟通能力，我们专门调配了这个独家秘方，共包含五个层面，同样适用于你——我们的读者。

个体：对沟通能力的培养因人而异，两个不同的领导者不会用完全相同的方式进行沟通。就培养沟通能力而言，所谓好的方法意味着扬长避短、事半功倍，同时增加沟通技能。

相关性：领导者在进行书面表达或者口头表达的时候，应该在某种程度上尽可能选择对他们来说更重要的话题。如果这是一个可以让人们情绪高涨、产生浓厚兴趣、又具备实用性的话题，那么表达起来就容易得多。

迭代：持续迭代、收集反馈是提高的关键。不断的练习是指：失败，坚持，尝试新的方法，收集整合反馈信息，然后再重复这个过程。

反馈: 领导者要从两个角度研究沟通,你既是给出反馈的人,又是分析反馈的人,这很有意义,给出反馈、分析反馈都是你要学习的技能。

风险: 当你的眼界不断开阔、达到一定水平以后,你的责任感就会增加,希望做出更伟大的成就。更高风险的挑战可以激励你做最好的自己。

让我们逐一深入解读每一个层面。

个体

现今商学院在布置作业的时候,过分强调小组合作。从乐观的角度来说,我们致力于帮助学生学习如何在团队中协作,并为日后领导团队做准备。现实一点来讲,或者再悲观些,相对于 72 份个人独立完成的论文,处理 12 份小组作业对于教授来说要轻松得多。两种说法都有道理,不过就沟通而言,我们需要打磨自己讲话和写作的技能,突出我们的个人特点。

一封完美的商务报告应该只有一种声音,这份报告可能是由团队撰写修改的,但是只能体现一个领导者的思想。想要有效地培养这些技能,领导者必须用自己的手写、用自己的话说。如果可以根据现有的技巧和能力完成一件符合你形象的作品,那么你的工作会更有效,你写的文章、讲的话也会更吸引人。诚然,我在斯坦福以及其他许多地方讲课,受众也是千差万别,不过有一个共同点,我的课堂互动性很强,学生们都喜欢积极参与——如果听课的人想要有所提高,那么就要站起来说,或者拿起笔写。我还让学生检查自己写出的每一个字、说出的每一句话,这种自我评价的过程要求他们深度分析这些内容中哪些是真正有用的,哪些是废话。更重要的是，在下一次沟通时，要有所改进。

相关性

说完个体，接下来我们聊聊相关性——先从任务材料与个体的相关性入手。通常在商学院的课堂上，学生没完没了地研读CEO们的案例（通常是男性CEO的案例，还是白人男性CEO的案例，好在如今已经有所改善），探讨他们如何建立公司、如何运营，然后根据研读撰写学习报告。在学习策略、金融或者市场时，增加案例学习的确是个好方法，但是学习写作……行不通。我们发现，如果让学生就与自己有关的内容练习写作，他们会更加重视，也更加专注。如果学生正处于创业阶段，或者毕业后也有这个打算，那么讲到领导力的这个话题时，他们会渴望聆听每一条建议，也会认真对待我们给出的修改意见。如果话题涉及他们正面对的问题，或者是他们认同的观点，那么他们做出的展示也会格外引人入胜。必须承认，步入社会的人都知道，我们总是会对着自己感兴趣的话题畅所欲言，写作的时候也是一样。这就是生活，我们课堂也会出现这样的情况，但是我们要尽量避免，只有这样，我们未来的领导者才会更专注于沟通本身。

迭代

所有出过书的作者和成功的演讲者都知道他们的作品只有通过修改——反反复复地修改，才能变得更好。不论是邮件，还是报告，抑或是演讲，初稿往往不能表现出我们的最高水准。《关于写作——一只鸟接着一只鸟》的作者安妮·拉莫特（Anne

Lamott）认为初稿就是垃圾，它鄙俚浅陋、诘屈聱牙。事实上，她认为所有人都应该抱定这样的想法直到最终定稿。商学院学生的作业往往得不到及时更新，多年来一直在重复使用相同的内容。书面作业还有页数和字数的限制，口头作业同样有时间限制，还会被老师打断。可是好的作品只有通过不断的迭代才能实现。

在斯坦福大学商学院，我们为领导者设计了一套方法，指导他们起草文案、彩排演练、获得反馈、修改作品，然后再进行下一次迭代。最简单的例子就是 LOWKeynote 项目③，在那里学生们进行"半程的 TED 演讲"。9 分钟的春季演讲包括了：1 分钟介绍自己如何申请这次学习的机会，2 分钟介绍开始学习的第一天，2 月第一次排练的情景（通常手里还要拿着提示卡），以及 3 月胸有成竹地站在上百名同学面前做的最终展示。这些演讲很有意义，因为这套设计的意图就是让学生构思、迭代、展示、接收反馈、修改和再次展示。

反馈

在一个学期里，我总是和学生说："我喜欢给你们反馈，但讨厌给你们打分数。"花一个小时的时间来全面评估一个 8 分钟的演讲并评分，对我来说很轻松。我专注于对他们所发表的每一次演讲的每一个元素提供丰富的反馈。通常来说，一开始我会给出一些零散的评论，很像是思想中一些浮出的音符。然后我会回顾这些评论，将其整合，形成连贯的可操作的步骤。（如果不进行整合，类似"第 7 张幻灯片上没有标点符号"和"没有明确的论点或行动呼吁"这样的评论，听起来的重要性就是相同的，没有主次。）

在教书的头几年里，我认为反馈是关于学生作品质量的"最终答案"，因此经常让学生们在演讲时，准备一张反馈表格，认真地填写其中的每一项，但我却无法花太多时间或精力来回顾这些表格。然而，随着时间的推移，我发现那些学生反馈表格（如果设计得很好的话）是提高演讲者能力的信息宝藏。我现在已经开始为收到反馈的人和提供反馈的人提供"反馈后的反馈"。如果我不同意这个评论，我会在空白处写道："我的经验告诉我：不是这样的。"如果我同意一个评论，我会画圆圈强调它，这样演讲者就会知道这条反馈很有价值。每次我公布成绩时，都会点名表扬学生中的"反馈明星"，这样每个人都知道我阅读并审阅了他们的反馈表格和作业。

我慢慢发现，领导者们开始从"显微镜的两个方向"展开学习了。他们通过观察和评论同学的表现进行学习，也通过被观察和获得反馈进行学习。

风险

最后，我注意到，随着社交媒体的普及，领导者有机会让更大范围的人群看到自己的作品，而此时也会面对更高的风险。那么风险从何而来？会产生什么影响？

从 2009 年开始，我在 YouTube 上管理一个分类图书馆，专门整理记录学生的演讲资料。这些演讲是他们上我这门课的期末作业。其中有一个的标题是"让肢体语言成为你的超能力"，浏览量已经达到 350 万次。后来，我了解学生们可能会利用课程作业来扩展他们的数字足迹，这份作业便超出我最初的计划，增加了额外的意义。

于是，在 2012 年，我们创立了 LOWKeynotes 项目，给商学院的学生提供更多机会，让他们得以精心准备一次演讲并录制下来，然后发布在 YouTube 上，让全世界都可以看到。

2014 年，我开始发表学生的博客，一开始是在 Wordpress[④]上，然后是在 Medium[⑤]上。来自外界读者的压力让学生们注意到只给教授写作业是远远不够的。我很高兴地看到，那么多学生把自己的公开博客或者 YouTube 作为展示他们才能的平台，然后将此作为成功案例，放在领英的个人简历里。如果做得好，他们的数字足迹可是要比成绩报告单上的个人成绩重要得多。

所以，在个人、相关性、迭代、反馈、风险这五个层面的基础之上，我们建立起来一个卓越的平台，让领导者可以从"不确定"，到"胜任"，到"熟练"，再到"精通"。利用书中提供的课程和练习，你也可以开始成长之旅。站在泳池边看别人练习游泳是学不会的——你要亲自下水才可以。我希望你可以潜心研读，亲自尝试这个过程。不要只是读这本书……用起来，亲身体验一下书中的方法！

译者注：

① TED（指 Technology，Entertainment，Design）：在美国的一家私有非营利机构，该机构以它组织的 TED 大会著称，这个会议的宗旨是"传播一切值得传播的创意"。

② 教师终身制（tenured professor）：是美国大学的教师体系的制度。担任终身教授，聘期可以延续到教授想退休的时候。教授不受学校教学科研工作量的考核，没有被解聘的压力，此举旨在保护教师的学术和言论自由。

③ LOWkeynotes 项目：由斯坦福大学商学院施拉姆博士创立，在教学内

容的基础上，为学生提供额外的练习机会，让他们从学习任务中挑选感兴趣的话题，制作一段 9 分钟的演讲，筹备时间约两个月，由专业的培训师辅导完成。然后会让他们在本期课程的全体学生和教职人员面前，进行最终展示。所涉及的话题丰富，从个人生活到团体组织，再到世界问题。现在在斯坦福的 YouTube 频道中已经有 200 多条演讲视频，点击量近千万。

④ Wordpress：是使用 PHP 语言开发的博客平台，用户可以在支持 PHP 和 MySQL 数据库的服务器上架设属于自己的网站。

⑤ Medium：是一个轻量级内容发行的平台，允许单一用户或多人协作，将自己创作的内容以主题的形式结集为专辑（Collection），分享给用户进行消费和阅读。

目录

第二部分
定制你的专属沟通——
目标、场合、个人特质

第三部分　领导力的飞跃：沟通的培训过程

第一部分

学会讲话
与写作

第一章　确立沟通的思维模式 ☰

沟通心态是一个平台——每当你想传递信息的时候，无论是口头还是书面，无论是否使用语言，沟通心态都是指导你一切行动的基础。你设定的沟通心态引导你从策略和共情的角度分析你的受众，即听众和读者，思考什么对他们来说才是最重要的；沟通心态帮助你明确沟通要达到的效果；沟通心态还左右你在传递信息时打算怎样措辞、选择什么渠道、呈现何种视觉效果、采用哪些多媒体资源。想要实现有效沟通，就要视沟通心态为基础，将其贯穿始终，而不是只在开始阶段重视它。所以，让我们对它进行深入的研究。

了解 AIM 三角模型

过去 10 年间，我在斯坦福大学或者其他地方教授过不计其数的班课、讲习班，也主持过无数的研讨会，几乎每一次都会使用一个简单而精致的模型开始我的课程。所以，我的第一本书也应如此。这个模型是我教过的所有沟通课程的灵魂，也是所有成功的领导力沟通的灵魂。

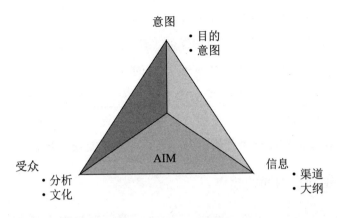

图 1-1　AIM 三角模型

选自：《商务演示指南》玛丽·芒特，林恩·拉塞尔

　　我真希望发明这个模型的人是我，我从来没有见到过这样的模型，自己也无法创造出比这更好的模型提供给领导者，让他们开始学习如何沟通。林恩·拉塞尔（Lynn Russell 当时供职于哥伦比亚大学商学院）和玛丽·芒特（Mary Munter 当时供职于达特茅斯大学商学院）合作创建了这个模型，并且收录在他们出版的书籍《商务演示指南》[①]当中。但是我相信，这个模型也适用于写作和人际沟通。无论是在 Qualtrics[②]论坛峰会上，还是在创业期企业家培训班中，我都会使用这个模型，把它打在 10 英尺高的屏幕上，或者把它画在星巴克餐巾纸的背面。我们进行的大多数重要沟通都可以使用这个模型作为开始。

　　顺序在这里……至关重要，事实上，它需要严格遵守。我们必须从听众或者读者的角度开始思考。只有明确我们要面对什么样的人群——也就是我们的受众，我们才能清晰明白自己的意图：我们希望沟通结束后，他们怎么做、怎么想、感受如何。

只有明确了"受众"（Audience）、"意图"（Intention），我们才可以开始着手整理要传递的"信息"（Message）。全世界的收件箱里塞满了根本没必要打开的邮件，因为太多人喜欢搞信息轰炸这一套，很少有人慢下来，为特定的受众、就某一特定的理由（即：意图）进行一次专属的沟通。

让我们按照顺序分析每一个要素，从"受众"开始。

受众：沟通的起点

我会给领导者们出难题，让他们设计不同的方法来分析他们的受众，方法越多越好。"在你编辑邮件或撰写投标书之前，该如何了解他们？在你要和他们见面之前，又该如何了解他们？"一般来说，学生们给我的答案可以分为三大类：线上调查、个人通信、"创意调研"。

以网上搜索为例，领英和谷歌搜索高居榜首，找到你需要沟通的个人、团队、公司的信息从来没有像现在这样轻松。再简单些，去公司页面查看公司简介，观看最近会议演示，或者阅读公开的博客。如果需要对某一公司或领导者做更深入的调研，还可以寻求 Glassdoor③ 一类的机构来帮忙，不过，这类调研往往会提供一些更为主观的信息，因为整体信息是由前雇主提供的——很多人或多或少会别有用心。继续深入，从上市公司的报告，到非营利组织的简报，再到其他看似公开、实则隐晦的信息，上万份的文件浩如烟海，你很可能会被淹没其中。在我的声誉管理课上，我们就讨论了这样一个现状：几乎所有在线内容都是永久性的，一旦发布，即使被撤下，仍然会被人们时不时地扒出来。

第二轮分析可以进入到直接与人接触的环节，这种方法更加深入。在我进行口头或书面沟通之前，是否可以从目标人群中找到一些人，组成一个迷你版的"焦点小组"？是否可以事先在样本人群中测试一下要使用的辞藻、要引用的典故？是否可以找到刚刚和目标人群沟通过的人，和我分享一下他们的经验？如果能够实现这些，非常好，但真正有价值的事情是，是否有人愿意分享失败的经验？他们可能会告诉你："我们正在寻找软件的解决方案，但他们已经将所有的资金转移到云相关的初创公司。"他们又或者说："我正考虑怎么建议公司进行全球扩张的时候，他们却宣布裁员、削减成本。"领英不仅可以提供很好的资源，同时还可以给出有价值的建议，让你知道该和谁进行一对一的沟通。

　　基于这一点，我可以给出一个小建议，当你第一次和一个组织接触的时候，可以和第一个接待你的人好好聊一聊，进一步深入你们之间的谈话是一种非常有用的方法。如果公司安排了某个人与你会面，那么就用问题淹死他，宏观的、微观的，什么问题都可以问。比如："最近有没有特别成功的演讲？成功之处在哪里？"又或者，"你们的男性员工上班会不会穿着夹克打领带？"这是个公平的游戏。如果有刊物邀请你写个专栏或者发篇博客，同样地，也请他们分享两到三个最近成功的例子。

　　多年来，我很喜欢 MBA 学生在"创意调研"领域提供的策略。他们在社交媒体 Instagram 和 Snapchat 上找寻所有目标公司或个人的帖子。有些人甚至向他们希望招揽生意的公司发简历求职，看看这家公司如何向未来的雇员展现自己。我知道还有一些人假扮成秘密顾客，参加信息会议或网络研讨会，以便更好地了解一家公司及其产品。一个学生给我们分享了一个策略（我个人感觉，这个多少有点开玩笑），他给自己感兴趣的团队推荐了一家酒吧，然后到那里闲逛，想听听人家聊什么，看看能不能找到有用的信息。

我很喜欢分享我同事的故事，他叫雷·麦克纳尔蒂（Ray McNulty），担任国家辍学干预中心主席。有一次他应邀为公立学校的教师主持研讨会，时间是周六的早上。参会的教师们非常不喜欢这种"强制在职"做法——这占用了他们的休息日。他到得很早，开门的人却还没来，于是老师们慢慢聚集在一起，抱怨着有没有必要在周六的早上来听这位"专家"讲课。而他混迹其中，将一切听得真真切切。后来开门的人把他迎了进去，人们才意识到他是谁。

我要声明一点：我并不赞成在受众研究中采用欺骗性行为，或者耍什么两面派。不过我非常认同在进行书面或者口头沟通之前，要尽量深入了解你的受众。如果有更多的领导者能够认识到这一点就好了。

还有一件事情很重要，我们与他人沟通时，我们的受众往往会被分为主要和次要两个类别。我们的主要受众就是写邮件时，"收件人"那一栏要写的人，或者是演讲时坐在我们面前的人。这些受众才是沟通产生的主要原因。此外，主要受众在接收到信息后，想要分享给其他人，那么这些人就是次要受众。表1-1呈现的就是领导者需要沟通的主要受众和次要受众。

到目前为止，对受众成员的讨论都是围绕着主要受众：包括个人或群体。然而，在结束本节之前，我们必须讨论一下计划外的次要受众。一封为某一特定受众准备的邮件，却被转发给了更多的群体。本来打算"秘密抄送"，结果却误点成了"回复所有人"，闹得尽人皆知。心怀不满的员工、吹毛求疵的顾客也有可能悄悄拍下和你沟通的过程，然后发到 YouTube 上，让全世界都能看到。

表 1-1　主要受众与次要受众

主要受众	次要受众
大区主管	下属区域经理
风投公司的初级合伙人	可以做投资决定的高级合伙人
新闻工作者	此人的所有读者
高级领导者的顾问	高级领导者
销售团队的成员	潜在客户

有一个典型的例子，米特·罗姆尼（Mitt Romney）在 2012 年参加了总统竞选，当时他与一群高净值捐款人进行私人谈话，他以为没有外人。但罗姆尼不知道的是，一名酒吧侍者把 iPhone 架在水罐上，录下了整个谈话过程，并且传到网上，在接下来六周的竞选活动中，这给奥巴马的竞选团队留下了把柄。作为一名领导者，你不需要遮遮掩掩、担心隔墙有耳，反倒应该想想怎样利用这些耳朵。如此一来，即便有人无意间听到了你说的话，或者看到了你写的东西，也不会对你产生不良的影响，还有可能帮你实现沟通的目标。

以受众为中心的沟通是本书一切内容的基础。它不仅仅是 AIM 三角模型中的一个部分，也是所有领导者进行沟通的立足点，小到发布一条通知，大到对他人产生影响、激励他人。偶尔会有学生请我帮他们写封推荐信，但是却不想告诉我推荐给谁。说实话我很愿意写这封信，但是如果我知道哪个组织里的什么人会看到这封信，我写起来会更有侧重，最后的效果也会更好。

意图：为什么沟通

现在，我们来谈谈意图，这是 AIM 模型的第二部分。当然，有很多词可以用来描述沟通的意图，比如沟通的目的、沟通的目标或者希望沟通最终得到的结果。但是，我喜欢他们使用"意图"这个词，不仅仅因为这个单词的首字母是"I"，更因为这个词本身清晰明确。"意图"，即表明领导者在头脑中构思一段信息的出发点，也表明这些信息传递给受众后，在他们思想中会产生的影响。并不是单纯地我要受众怎么去想、怎么去说或者怎么去做；而是在我进行过沟通之后，受众会因为听了我的话、看了我的文章而做出怎样的选择。

举个例子，斯坦福医院的一位高级领导——我们就称呼他"肯"好了，当然这不是他的真名。当时，肯在筹备一次面对员工的全体大会，我为他提供指导，完善他的主持工作。在演讲彩排时，我忍不住中途打断了他，然后问他："你的意图是什么？"

和很多人的回答一样，他说："我想给他们留下深刻的印象，让他们记住我。"

"嗯，很好，肯"我说，"但是说来说去，你都是在说你自己！那么，这次会议以后，你希望你的员工怎么去想、怎么去说或者怎么去做呢？"

片刻的思考过后，他说："哦，我明白了……我想打动他们。"

"好多了！"我说，"不过这还是在说你自己。你想让他们怎么做？"

他又思考了一下，然后说："给病人尊严。"

参悟到这一点，我们的对话升华了，连房间里的气氛都不一样了。我们不需要把先前的内容推翻重来，但是需要一个清晰的目标，像北极星一样指明我们努力的方向。没有明确的意图，就像航船丢了指南针，在大海上随波逐流。当然，事无绝对，我们最终有可能实现一开始定下的目标，但那只是个意外。

2019 年 3 月，我和巴拉克·奥巴马（Barack Obama）、奥普拉·温弗雷（Oprah Winfrey）同在 Qualtrics 2019 年举办的年度峰会上发表演讲。（当时参加会议并且发表演讲的人太多了，我敢肯定奥巴马和温弗雷都不记得我了。但是我在《用数据说话》的演讲中提到的方法，都被他们运用到自己的演讲中，这是千真万确的。）温弗雷演讲时的意图非常明确，这一点深深地触动了我。她说她在刚刚开启演艺生涯的时候就下定决心，她所演绎的每一部作品，都要蕴含一个明确的意图，而剧组中的每一个人也都要将此烂熟于心。她还说，激发她这样做的原因是她演过的一部婚外情题材的作品，剧中有一个男人坐在自己的妻子和小三中间，堂而皇之地宣布：小三怀孕了。温弗雷坦诚地说："在作为大众媒体的电视上，你们播这个？当妻子的没有一个能受得了。然后我就问自己、问剧组：'我们在这里干嘛？演这个的意图是什么？'"然后她继续说，"只有让我们的行为和意图相一致，我们才有可能做出一些了不起的事情。"她的演讲一如既往地富有感染力。我们应该让沟通能够产生预期的影响，更重要的是，我们自己能认同这个影响背后的意图。

然后再来说说我们这些凡人，我敦促我的学生在进行沟通前设定一个清晰的意图——演讲者希望向受众传递的内容。比如说：

● 使用我们公司的技术

- 公开支持我竞选
- 要求我到他们的办公室，进一步深谈
- 同意以不计报酬的工作方式主持某项工作
- 防止前员工对公司做出负面评价

无论是设计制作网页，还是在 TED 做演讲，无论是求婚，还是发推特通知要排练新戏，在开口或者点发送之前，我们都需要彻底明确我们的意图：我们到底想做什么。

明确沟通意图在硅谷的蜕变

在斯坦福大学，我结识了很多同事，雷蒙德·纳斯尔（Raymond Nasr）就是其中一位，他是专门教授沟通学的教师。雷蒙德在之前的几十年一直在 Novell④公司担任埃里克·施密特（Eric Schmidt）的沟通总监而且也是他的演讲撰稿人，后来就职于谷歌公司。而埃里克在斯坦福大学和彼得·温德尔（Peter Wendell）一起教授一门广受欢迎的选修课"创业与风险投资"。雷蒙德对这门课有自己的感悟。

雷蒙德回忆，在 20 世纪七八十年代，沟通基本上属于"秘书职能"的范围，当然也没有什么策略可言。"在七十年代末、八十年代初，根本无法想象沟通会像今天这样成为一门专业。这个领域就是一片空白，比秘书的职能范围高一点点，主要是行政职能——如果公司要发布什么信息，通常是由行政助理或者秘书把 CEO 的话记录下来，填进准备下发的制式表格里，交给各个媒体，刊登在报纸上。在修改下发文件时，秘书会根据他们的理解修改 CEO 想要说的话。这样一来，就很容易造成曲解甚至篡改。就像是从《圣荷西水星报》引用一段文字随随便便发表一样，事实也的确如此。

"但是有家公司改变了这一切，那就是苹果。他们倡导的策略性沟通是革命性的。他们意识到了文字会产出巨大影响，必须要从内部控制每一个环节。让我们来看看从前什么样，通常公关公司和媒体关系甚密，所以大多数公司其实是雇用了一家中介完成自己的公关工作。比如搞芯片的或者搞硬件的随随便便找一家公关公司，而后这家公关公司就可以轻易地从秘书那里得到重要的讲话记录，转而把它变成新闻稿，再加上一个讨喜的标题。但是苹果说："不，我们要把控沟通过程的每一个环节"。从产品推出，到活动安排，到金融行业分析，到产品宣传，到包装，再到高管层面的沟通———一切都要有统一的管理。

雷蒙德敏锐地抓住了这一变革，这是他在苹果、Novell以及谷歌公司成功的关键，他认为这也是我们在斯坦福成功的一个重要因素。我们今天的环境格外青睐强大的具有战略性的沟通技能，所以我们开始提供有价值的课程，以满足这一需要。雷蒙德·纳斯尔刻意将温德尔和施密特这些偶像人物带入到自己的课堂上，充分说明了沟通作为硅谷精神中的一门学科是多么有价值，也解释了为什么沟通在斯坦福大学逐步成为一门重要的学科。

信息：字斟句酌，传递意图

我们可以这样说，AIM 模型的最后一个部分才是真正见到成效的部分。现在你了解了沟通的受众，清晰了沟通的意图，好的，你已经做好了沟通的准备，可以分享你的信息了。

在 AIM 模型中，我们把"受众"理解为：和谁沟通；把"意图"理解为：为什么沟通；那么"信息"就可以理解为：如何进行沟通。所以现在要问问我的学生们：他们会用什么方法组织、传递他们想表达的信息。

传递信息的渠道就是指沟通时你选择的媒介。如果你的沟通是要面向更广泛的受众，那么你或许需要采用录制视频的方式，然后再上传到 YouTube 上；或者可以写篇博客，借助一些大的平台，让人们在更广的范围内转发，比如 Medium 或者领英。要认真考虑一下你的受众更容易接触到哪类渠道：比如，你希望获得同僚的支持，那么在进入会场前看似不经意的几句闲谈或许就可以达到预期目的；而如果求职成功后想写一封感谢信，那么认认真真地手写或许是最理想的方式（怎么说呢，我还是比较传统的）。在做出选择之前可以先问自己几个问题：我希望信息在多广的范围内传播；我希望信息传递出后可以保留多长时间；信息正式的程度如何；哪些渠道可以让目标受众轻松获得、使用并且理解这些信息。

通常情况下，我们只依赖几种熟悉的沟通渠道传递信息，很少会再去考虑还有其他众多选择。在为 MBA 学生授课的时候，我们经常会安排这样一个教学活动，就是让学生们合作，在白板上写下所有能想到的传递信息的媒介。我会在白板上画出一个大大的表格，在纵标目处从上至下依次写下：口头、综合、书面；
在横标目处从左到右依次写下：高度互动、中度互动、极少互动。
在接下来的 15 ～ 20 分钟里，我们集思广益，找出各种可以分
享信息的渠道：发送邮件、进行电话会议、写备忘录、发推特、
发短信、发表演讲（如表 1-2 所示）。我们针对学生给出的每一
种方式，来讨论它的互动性。通常情况下，互动性与信息接收者
的人数有关，比如说，如果会议对象只有一个人，那么就可以
划归到"高度互动"一栏；如果房间里坐了 1 000 人，那就基本
上没有什么互动了。白板上写下的方法越来越多，学生们看到
的选择也越来越多。领导者如果想要激发受众采取行动，那么
一定要选择有创意性的方法来传递他的信息。此外，复杂的信息
可能需要同时使用多种沟通渠道才能达到预期的效果。我可能需
要提前发送一封邮件作为试探，然后呈现一次别开生面的展示，
接下来跟进两个或三个关键的利益相关者，最后发送一封邮件，
整合之前的信息，并提醒人们接下来该采取什么行动。

表 1-2　不同互动程度的沟通渠道

	高 度 互 动	中 度 互 动	极 少 互 动
口头	1 对 1 沟通 　　　　电话	小组会议	语音邮件 市政厅会议 　　　播客
综合	视频电话	展示的会议 Webinar 直播会议	发布 Webinar 会议 的录播
书面	信息 Slack[⑤] 　　共享文件	电子邮件 发脸书 群发邮件	手写通知 邮寄信件 印刷宣传册

　　然而，我们经常选择两种最熟悉的方法：打电话或写电子

邮件。但这张表就像提供了一份可以选择的菜单，学生们注意到它的时候就有了更多的选择，也看到了更多的可能性，这帮助他们逐步成为一名更具战略性的沟通者。显而易见，一个更复杂的信息可能需要同时使用多个不同的渠道，需要有策略地将它们结合在一起协同发挥作用。

选择好了自己要使用的渠道之后，你就要开始着手构建信息了。我的许多学生选择使用列提纲的方法组织自己的文稿结构。你希望在交流中提出的主要观点是什么？你可以提供哪些关键的原因和例子来支持这些观点？你组织好自己的结构以后，就像搭建了一个脚手架一样，此时你已经做好准备，接下来就可以使用书面或口头的方式与人沟通，无论是聊天的形式还是开会的形式，无论是发送信息通知还是深入探讨，你可以选择任何一种方式进行沟通。沟通中，需要根据你对受众的了解，调整语气和用词。（别担心，我们会在接下来有关演讲和写作的章节中深入讨论这个过程。）

准备演讲时，从 AIM 模型入手，就可以意图明确地面对你特定的受众。这样的前期工作非常有必要，既不费时，也不费力。然而，只需要花上几分钟的时间，专心调研一下受众、意图和信息，就可以让你在与这个世界分享观点时，以及激励别人采取行动时获得回报。

模型补充：领导力沟通画布模型

如果不得不在高度紧张敏感的情况下传递复杂的信息，我们就需要 AIM 模型的升级版，来帮助我们将准备工作进一步细化。于是我们发现了"领导力沟通九格矩阵模型"，这个模型考虑得更为周到，兼顾的内容更为全面，能帮助领导者找到更理想的沟通方法。

如果说商学院是制造沟通的工厂，可谓实至名归，尤其是像斯坦福大学这样的商学院。我们见过形形色色的沟通方式（也经常指导人们如何进行沟通）。但是在 2007 年之前，并没有一套标准化的流程帮助学生进行沟通，传递他们要分享的信息。很多学生在参加 MBA 课程之前就具备很强的写作和演讲能力，我敢说，有些堪称出类拔萃，他们往往身为银行家、咨询师、管理者、企业家，在各自的学习和工作中积累了丰富的经验。但是我们之所以可以招收到这么多的学生，正是因为我们有很多可以帮助人们进行沟通的方法。在学生们面对问题的时候，我们用有效的方法引导他们，在专业的沟通培训师的帮助下，他们不仅仅只是按照制式文件的格式，填写需要完成的模块，而是创造一块画布帮助他们思考需要采取的沟通策略。

我们的很多学生都拜读过亚历山大·奥斯特瓦德（Alexander Osterwalder）和伊夫·皮尼厄（Yves Pigneur）的畅销书《商业模式新生代》，他们非常熟悉二位在书中介绍的商业模型。这一被广泛采用、公开共享的关于创造以及拓展的方法为所有企业家提供了必要的框架，也就是提出了需要思考的问题。两位作者使用了"商业模型画布"的概念，将其作为一种公认的"语言"，用于表述和呈现各种具体的商业模式，并进行评估、改变。它非常适合大型公司使用来运营非营利的投资项目、政府合作的项目，或者公司内部的一些活动。其使用方法简单，目的性强，成为很多企业（以及企业工作人员）工作方法中必不可少的一部分。

　　既然很多学生已经熟知这种"语言"，我们就用它来调整学生的作品，进一步满足他们作为领导者传递重要信息的需求。我们也提供一块画布（见图1-2），按照项目填写内容，便于你进行下一次沟通。九个方框组成了沟通的关键部分（书面、口头或者两者兼而有之）。我们通常会按顺序逐一处理方框里涉及的项目，然而，精心地筹划一次关键沟通，需要确保其流畅性和系统性，这也是沟通画布的艺术所在。你可以从自己希望的任何一个地方开始完成这块画布——实际上，也可以根据特殊任务的需求改变这九个方框的尺寸和形状。然而，就如我们在讨论AIM时学习到的内容一样，我们还是从最右边的"受众"开始。

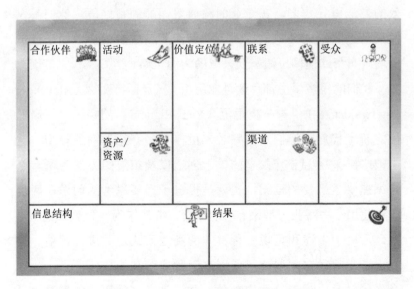

图1-2　领导力沟通画布

受众：谁需要听到或者读到你的信息？

好的，欢迎回来。我们再次回到 AIM 模型中。到目前为止，你已经知道所有有效的领导力沟通始于对受众的关注。领导者在组织信息的时候，必须采取的第一步是精确定位，明确谁才是真正想听这些信息的人。很多情况下，受众似乎很明确。比如：我希望求职者可以听到我的信息，然后加入我的公司。但是，如果领导者沟通时的情况比较复杂微妙，那么重点就是想清楚——不只是"我的信息能够传递给谁"，而是"我的信息必须传递给谁"。受众不单单是坐在我面前的人，或者发邮件时候的收件人。

上面讲述的可能只是我的主要受众，但是在整个领导力沟通过程中还有次要受众。初创公司需要向风投公司的初级合伙人推销自己，但只有当高级合伙人认可并将其推荐到投资委员会时，才会得到资助。申请工作的求职信需要由人力资源招聘人员审查，然后决定是否要呈交给有决定权力的招聘经理。在沟通者工作的这个阶段可以使用头脑风暴，至关重要的是想到所有可能的主要和次要受众，然后确定一个简短的名单，记录下所有关键的受众成员。如果领导者在进行正式沟通之前，可以找来一群"试测受众"，让他们阅读或者聆听沟通的内容，并且做出反馈，那就再理想不过了。对想获得成功的领导者来说，信息的利害关系越大，试测受众就越有必要。

价值定位：传递信息时，你以什么样的身份出现在受众面前？

先将目光从画布中间的这个区域移开，问自己一个问题：

"为什么是你？"为什么由你来进行这次沟通？你的可信度如何？或者说什么原因让你觉得你有力量把这条信息传递出去？在大的组织里，人们或许会争论沟通由谁负责，谁应该在文件下方签署姓名；在竞选运动中，人们会更多地考虑是让候选人自己对公众发布信息，还是找个代表做这件事情。作为领导者，在进行口头或书面沟通的时候，你行使职权的依据何在？如果你对事情的认识、或者公众对你的了解与实际情况存在差距，那么在你发布消息之前，是否可以弥补？如果无法弥补，你又该如何编辑这条信息，让这一差距不至于成为阻碍你取得成功的绊脚石？

渠道：你会使用什么媒介传递信息

有时，沟通的渠道早就为你选好了。如果你的老板让大家来开会，要求你介绍一下经营的最新情况，让他了解你进行到了哪一步，那么你使用的媒介只能是和同事一起赶来参加面对面的会议。如果你收到一封同事的电子邮件，要求你给他出点主意，你会点击回复，那么，你就选择了通过电子邮件这一渠道来分享你的信息。但是对于高风险的消息，首先是要进行头脑风暴，考虑所有可能的用来传递信息的渠道，这很重要。请随时回顾表 1-2 中的练习，我们在本书的 AIM 模型部分分享了许多方法，来指导你进行头脑风暴，想出更多的沟通渠道。

联系：什么会吸引受众？

一开始，我们就考虑了如何在一个房间里锁定合适的受众（或者锁定会认真阅读我们文字的读者）。那么在我们确定对象之后，又该如何让受众参与到我们的话题当中呢？作者可以用一个引人注目的、清晰的主题来完成这项任务——这一主题就是让读者采取某一行动，比如让读者阅读收到的电子邮件。演讲者可以通过讲述一个故事、呈现统计数据或提出问题的方法，把受众带入自己的世界。而且，一旦你将受众的注意力吸引过来，就必须抓住他们，让他们始终参与其中。有许多文章和分享，都介绍了领导者该用什么方法有效地讲述一个故事。（见附录 D 中几本关于讲故事的书，它们都是我个人非常喜欢的。）事实上，我很震惊，怎么讲好故事也是所有找我咨询的潜在客户对我提出的最大要求。讲得好的故事可以打动人心，人们在讲话和写作的时候也在挖掘自身的能力，打磨一个有效的故事。如果领导者可以让问题变得有趣，那么在整个演讲中，听众就会时常感受到极高的参与度。事实上，许多领导者发现他们"讲述信息"的时间越来越少，而"回答相关问题"的时间越来越多。就是在这个人们彼此分享信息的时刻，我们与受众建立起最强大的联系。

资产 / 资源：为了打动你的受众，你现在已经拥有或可以扩展出来的东西？

大多数情况下，了不起的谈话或者博客文章是从一个故事、一张照片、一次经历、一个统计数字、一个领悟开始的。把沟通想象成搭积木，考虑一下你手中已经拥有的积木。使用任何让你感觉舒适的形式，将这些想法放置到同一个空间里。我最喜欢用那种可以上翻的白板纸，大大的一张（我爱人对此头痛不已）。我的研究，就隐藏在一张一张的白板纸中，各种想法跃然纸上，它们或许就是我下一次 HBR（Harvard Business Review，哈佛商业评论）博客的核心主题，或许会成为下一次演讲的中心思想。也有人会使用素描本和插图本工作，比如丹·罗姆（Dan Roam）在《餐巾纸的背面》里建议的那样。还有一些人更喜欢使用平板电脑或笔记本电脑上的电子表格或文档。你在哪里储备你的资源不重要，重要的是你要把它们储备起来。TED 的演讲、卡通、照片、图表、表格、轶事，你可以考虑其中任何一种资源，只要它可以帮助你沟通，突显你的个人风格。对于做传统报告或写传统文章的学生来说，这些可能成为"论据卡片"，可以不断排列组合，构成一个清晰而令人信服的论点。（是的，这种感觉，就好像是借助这些卡片，自己和自己约会一样，一遍遍地彩排，达到最浪漫的效果！）做个美梦，设想一下你希望获得的资源，这往往非常有用。为了沟通，我需要完成一些研究，那么就先设定一个占位符，比如"教师团环球之旅中的感人瞬间"。

在头脑风暴中，没有任何一个想法是不好的，当然，为了提高效率，你会考虑需要付出多少努力才能获得你想要的资产。领导者需要确认什么程度的投资可以保证相应程度的回报。在 TED 图书馆里，你会发现无数的谈话案例，这些谈话使用各种资源来帮助演讲者传达一个信息，灵动活泼：吉尔·博尔特（Jill Bolte）抱着头，比尔·盖茨打开一罐蚊子，杰米·奥利弗（Jamie Oliver）把满满一推车的糖倒在了舞台上，又或者里奥·佐拉夫（Lior Zoraf）把一头活牛拉到了舞台上，让观众猜牛的重量。如果最后的收获值得你为之投入，那么就去做吧。

活动：你如何接触需要听到你的信息的受众？

这里所谈及的活动，都仅存在于工作的准备阶段，以确保受众不会把你精心制作的演讲当成耳旁风。你怎么做，才能确保让正确的人进入房间听你准备说的事情？你该找谁帮忙，让人们心甘情愿地"应邀"参加你的会议，或者转发你的电子邮件？有一个关于如何使用发布功能的例子，或许能够进一步说明什么事情是应该尽量避免的。在写书的时候，作者经常会独自一人进行创作。完成后，他把书稿交给编辑组，编辑组审校完成，然后准备印刷。最后，书籍出版，另外一个公关团队介入，安排预订、签名等活动。签售时许多作者被拉到书店前，苦闷地看到胆小腼腆的几个人，买上几本书。这项活动没有针对正确的人群（或者根本就没有思考受众是谁）。当你想要通过沟通，确保人们出席你的会议、阅读你的博客，或者参与你的活动时，你到底应该选择哪些活动？在创建沟通时，你可以采取哪些活动来确保人们出席会议、阅读博客或参加活动？面对受众，今天的领导者必须比以往任何时候都更具有吸引力。

合作伙伴：谁能帮你做到这一点？

斯坦福大学还有一个与领导力有关的专业，即阿巴克尔领导力研究项目，在他们的宣传材料中解释说，你能够成为一个领导者，是因为有其他人跟随你。如果他们不再跟随，那么你就不是领导了。这在沟通中尤为明显。要想提高效率，你需要依靠别人来帮助你创建、测试、改进和传播信息。在组织信息时，请考虑到（并在列表中记录）一些人，他们的配合对于你希望取得的成功至关重要。在技术方面，你可能需要一个设计师协助制作幻灯片、一个编辑优化你的报告、或者一个培训师帮助你彩排练习演讲的内容。在策略方面，你可能需要一些人，他们从一开始就接纳你的观点，认同你要分享的信息，为你提供博客的发文样本、进行讨论，或者帮你预演一下向管理层作报告时的场景。无论是组织内部的执行负责人，还是组织外部的灵魂领袖，如果他们可以注意到你写的或者说的东西，帮助你进一步充实它的内容，并且扩大它的影响，那么你分享的信息可能会获得更多的支持。认准谁是这样的人，并且想办法接近他们，这样你才能成功地传递你的信息。LOWKeynotes 是我在斯坦福大学创建的项目之一，在这个项目中，我鼓励那些为了完成演讲正在努力寻找合作伙伴的学生，列出他们目前还不认识、但是希望可以与之合作的人员名单。我给他们出难题，让他们在本校寻找在相关领域发表过著作的学者，在校外寻找致力于类似理想的组织领导者、或者已经就相关话题发表过或写过文章的其他人，然后向他们寻求帮助。当你还是一个学生、怀揣着刚刚起步的项目有求于人的时候，向灵魂导师寻求帮助的这一步真的很难跨出去。但不再是学生的读者仍然可以找到其他的切入点。例如，使用领英，只要发发信息，你可能就会发现自己梦寐以求的合作者近在咫尺。最后，不要忽视那些"魔鬼代言人"的价值，他们故意唱着反调，却可以帮助你丰富需要传递的信息。能有个批评家毫不忌讳地在你的报告中戳个窟窿或在你的演讲大纲中发现缺陷，难道不是如获至宝吗？

多丽丝·卡恩斯·古德温（Doris Kearns Goodwin）的鸿篇巨制《仁者无敌：林肯的政治天才》就塑造了林肯这一独具魅力、

善于寻找和利用各方资源的人物形象。巴拉克·奥巴马（Barack Obama）也采用了类似的方法，邀请初选中最激烈的两个对手——乔·拜登（Joe Biden）和希拉里·克林顿（Hillary Clinton）在他的政府中扮演关键角色。在你组织信息的时候，又有谁会成为那个最严谨的批评者呢？

信息结构：你将如何组织信息？

现在，我们已经装填完成了七个方框，是时候组装你的信息框架了。你选择的体裁（例如专栏）可能会给你限定一个结构。又或者，你可以选择一块完全空白的画布，以开放的思路构建你的信息，起承转合皆由你来定夺。从最基本的层面上来说，20 世纪初传教士们传教时的经验依旧有效：告诉他们你要说什么，然后说给他们听，最后总结你刚刚告诉他们的。大多数可靠的沟通都有一个预先的介绍，一个清晰的传递内容，以及一个带有回顾性质的、呼吁受众采取某一行动的结论。不过，这种久经考验的方法只对简单的邮件和简短高效的会议有效。如果面对投资人进行新产品路演⑥或 TED 风格的演讲，你可能需要更为复杂的结构作为信息传递的基调。

我在写演讲稿的时候，常从南希·杜阿尔特（Nancy Duarte）的研究和著作中获得灵感。她经营的杜阿尔特设计公司，多年来设计了数以万计的演示文稿，通过这些海量工作，她总结出了一个简单的波形图，这是所有伟大演示文稿的基本规律（见图 1-3）。

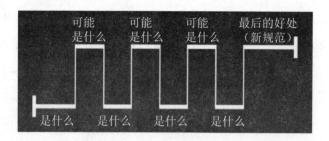

图 1-3　南希·杜阿尔特的重要演讲"波形图"

资料来源：南希·杜阿尔特.沟通：用故事产生共鸣 [M]. Wiley 出版社，2010.

　　演讲者必须从当下的感受——"是什么"——开始，然后阐明"可能是什么"。极具说服力的演讲就像水手航海一样，迎着风作"之"字形航行，在"是什么"和"可能是什么"之间来回穿梭，直到结束，演讲者为听众带来"最后的好处"，并清晰明确地告诉他们应该采取什么行动。在《沟通：用故事产生共鸣》一书中，杜阿尔特详细介绍了这种波形图的普遍性，马丁·路德·金（Martin Luther King Jr）的演讲"我有一个梦想"、庇隆夫人（Eva Peron）站在阳台上向阿根廷人民的呼吁，以及史蒂夫·乔布斯（Steve Jobs）推出新款 iPhone 的发布会，尽管这些演讲类型不同，但是都可以看到波形图的影子。当你创建信息结构时，请考虑当前已经组织好的内容与可能添加的内容之间的对比。在你传递信息的时候，列个提纲，表明这两者的不同，这样做可以拉近你与受众的距离。

　　（旁注：我强烈推荐你购买并研读南希·杜阿尔特的书《沟通：用故事产生共鸣》，但如果你现在对本书爱不释手，无法阅读另外一本书，那么就花 20 分钟看一下她在 TEDx East 的演讲——"伟大谈话的隐秘结构"，这个简短的视频可以让你听到南希亲自讲解波形图的重点内容。你可以在 iTunes 上找到她的有声书和视频文件，她在书中对很多伟大的演讲进行了详细的分析。我自己会定期查阅她的更新，数字版和印刷版的我都会看看。）

结果：希望受众在与你沟通后想什么、说什么或者做什么？

许多领导者会在这个右下角象限里展开他们要传递的信息，并清晰地阐述自己的意图。偶尔，领导者可能会有多层次的意图——例如，"今天我希望他们访问我的网站并参与捐赠活动，但我为之奋斗的最终梦想是结束这个星球上一大祸患——奴隶制。"吉姆·科林斯（Jim Collins）提出了大毛怪目标[⑦]，这一概念激励了成千上万的人写下自己希望实现的梦想和伟大成就。如果我们想实现自己的大毛怪目标，只有通过讲话和写作的方式，让其他人知道我们希望得到的结果。在教学中，一些学生会让我感到困惑，他们告诉我，他们想要的结果只是试卷上能有个 A。我想说，作业的成绩只是一个微不足道的目标。取而代之，你应该写下可以改变生活、组织乃至世界的目标。通过写作，让企业的领导者采纳你的策略；通过写作，将信息综合为清晰的观点，而不仅仅是把案例总结一下。着眼于你坚信可以实现的结果，还要保持视野的开阔，给世界带来更大的影响。

领导力沟通画布并不是我在所有演讲和培训中都会使用的框架，但是，遇到高风险沟通、或者可能会僵持不下的沟通，我就会转而使用这个框架。卡拉和我在创作本书时就使用了画布框架。遇到困难不可怕，重要的是你知道自己还有这样一套思路清晰的方案，可以为你指明方向。

译者注：

① 《商务演示指南》：是 2003 年清华大学出版社翻译出版的中文版图书，姜晓春译。还有另外一个翻译版本：《职场演讲高手一本就够》，赵菁译。

② Qualtrics（Qualtrics International Inc.）：是一家在线市场调研平台公司，于 2002 年由史密斯与其父亲创立。它专注于经验管理（Experience Management）。Qualtrics 大约拥有 6 000 万客户，平均每天进行 210 万次调查。该公司的基本版软件可以免费使用，但一家大企业每年的使用费达到数万美元。（摘自搜狗百科）

③ Glassdoor：是一家成立于 2008 年的就业与招聘网站，现在已经发展成了美国最大的求职网站之一。在 Glassdoor 上可匿名点评公司，包括其工资待遇、职场环境、面试问题等信息。

④ Novell：是世界上最具实力的网络系统公司，其主要产品 NETWARE 网络操作系统可将多台个人电脑连接到一个统一的整合子目录、存储、打印、数据库等的网络中。Novell 旗下的其他产品包括：在欧洲流行的 Linux 操作系统 -SUSE、 网络管理软件 -Zenworks、集成工具、文件目录服务产品等。

⑤ Slack：是集聊天群组、大规模工具集成、文件整合和统一搜索于一体的项目管理工具。截至 2014 年底，Slack 已经整合了电子邮件、短信、Google Drives、Twitter、Trello、Asana、GitHub 等 65 种工具和服务，可以把各种碎片化的企业沟通和协作集中到一起。

⑥ 路演：是指通过现场演示的方法，引起目标人群的关注，使他们产生兴趣，最终达成销售。在公共场所进行演说、演示产品、推介理念，及向他人推广自己的公司、团体、产品、想法的一种方式。

⑦ 大毛怪目标：英文缩写 BHAG（Big, Haing, Audacious goal），字面理解是宏伟、刺激、大胆的目标，实际是指可以引起组织内部每一名员工产生共鸣的长期目标，在这一共同目标的带动下，员工愿意为之行动起来。这一表述最早出现在吉姆·柯林斯和杰里·波拉斯的著作《基业长青》（*Built To Last*）中。大毛怪目标可以让人们走出衰退，激励他们实施一个更为宏大的计划，愿意用几年甚至十几年去完成。

第二章 学会讲话——讲出的话令人信服 三

提到说服力，好消息是我们都有一些值得炫耀的资本，谁没有过出色、成功、意味深长、威震八方的演讲呢？我们在某一时刻都会对自己的观点深信不疑，并且说服他人同样相信这一观点。不过，我们最应该做的是认真探究自己是怎么做到的，找出其规律和精髓，并在日后的对话中，尤其是进行关键对话的时候，重复这一过程，让奇迹不断发生。

尽管语言表达看似一个整体的过程，但实际上还是由许多重要的部分组成的。在我们开始说话之前，我们需要处理好在沟通中会让我们产生焦虑的因素，这样我们才能表现出色、应对自如。其实，每次我们开口说话交流时，都是从三个方面进行的，我们可以将其简化为三个 V 的过程：

● 语言——Verbal（我们说什么）

● 声音——Vocal（我们怎么说）

● 视觉——Visual（听众看到的）

我们可以将焦虑管理和"三个 V"的过程想象成管弦乐队的不同部分——只要这些要素中的其中一个表现出色，你就能演奏出优美的乐曲；但是只有各个要素都接近"精通"的水准，才能产生震撼人心的和谐之美；同样的，只有三个要素的和谐才能让沟通达到无与伦比的效果。

管理焦虑

如果我们向领导者提问，他们是否会在讲话、展示或者主持会议的时候感到焦虑、紧张，你会听到各种各样的答案——有人会说："不会啊，我深谙此道。"有人会说："这取决于我面对的是谁。"也有人会说："我会惴惴不安、诚惶诚恐。"尽管我们对于焦虑的理解不同，但在遇到关键对话时，我们都会感受到它的存在。既然你想要做到最好，那么就不要把焦虑视为负担，而是要想方设法将其变成能够为你所用的工具，变成你的资本。这是迈向成功的第一步。

遇到焦虑管理的问题时，我通常会想到有关焦虑的三个理论来源，它们分别由我在斯坦福大学商学院的同事马特·亚伯拉罕斯（Matt Abrahams）、组织心理学家亚当·格兰特（Adam Grant）以及社会心理学家埃米·卡迪（Amy Cuddy）提出。

其中，可操作性最强的就是马特·亚伯拉罕斯所著的《直言不讳》（*Speaking Up Without Freaking Out*）。只可惜，这本书比较小众，知道的人并不多。事实证明，书中提供的策略非常有效，我要求所有的学生认真研读，以便在沟通中减少焦虑。有一组学生还将此书做成了 YouTube 的视频课程，定名为"拥抱你的怯懦"，课程中传授了亚伯拉罕斯应对焦虑的技巧，短小却别开生面。在本书定稿前，这套视频课程的点击率已经近万，而且还在稳步上升。书中还有很多非常新颖的想法，其中，马特鼓励领导者重新组织自己的语言，让表述听起来更像是在交谈，而不是训话或者报告。通过这样的调整，沟通更像是在聊天，而不是非要分个输赢的辩论，从而呈现出合作的氛围，化解了不该有的对抗。尽管要表述的内容是事先明确、不会改变的，但是进行沟通的方法却是多样的，我们可以使用通俗化的语言，也可以通过提问让听众参与到沟通中，就像对话一样，在脑海中调整语言，把要表达的内容用交谈的方式进行表述，这些方法都有助于消除压力。

此外，还需要改变沟通时的心态，我本人很喜欢这条建议，心里不要总想着"我很焦虑"，而应该是"我很兴奋"。这样的建议听起来像是无稽之谈，但是只要领导者们调整好自己的心态，就可以成为改变游戏规则的人，无论是做展示，还是主持会议，抑或是面对面的交流，都能把沟通中的威胁转化成机会。亚当·格兰特在自己的著作《离经叛道——不按常理出牌的人如何改变世界》中曾充分地论述过这一点。转变心态的这一刻，焦虑便不再是行动的障碍，而成为我们的工具、我们的驱动力。我也要求上我课的领导者们认真阅读《离经叛道》中的相关章节，然后在焦虑的时候练习去说"我很兴奋"，并且记住此刻的感觉，并不断地强化这种感觉。教授沟通策略学的同事们和我都会在每个季度初的课堂上带领学生学习焦虑管理①的全部内容。第一步，我们尝试让领导者们焦虑的感觉常态化，让他们不再对焦虑的感觉感到陌生，事实上，受刺激产生的肾上腺素可以诱发你的激情。我的同事伯特·阿尔珀（Burt Alper）很喜欢提醒学生焦虑时的生理反应，比如掌心出汗、心跳加快，这些都是预测到致命攻击时的原始反应。然而，在他的演讲生涯中，就算他表现得再差，也不会跑出来一头狮子要攻击他。所以我们会用"狮子在哪里？"这句咒语来提醒学生，让他们试着习惯各种引起焦虑的情况，并努力克服它们。

提到焦虑管理，人们很容易想到"高能量姿势"，埃米·卡迪在 TED 的演讲中提出了这个概念，并且在之后出版的书《高能量姿势》中详述了她的研究，揭示了焦虑管理过程中身体和思想间的神奇联系。她在研究的基础上，发现有许多姿势可以给人们带来力量，并将它们具体地描述了出来，她的研究在世界范围内广受欢迎，这是有原因的。她说："我们的身体舒展了，就能感受到力量；我们获得更多的空间，从而更加自信。"研究确实表明，这样做可以降低 25% 的皮质醇——一种产生紧张感的荷尔蒙。所以，我们的情绪会感受到更多力量，我们的身体也不会因为应对紧张而感觉到过分疲惫。

出于严谨的考虑，有些学者质疑过卡迪研究的有效性。事实上，她的合著者之一——伯克利大学的达纳·卡尼（Dana Carney）也已经退出了这项研究。那些想深入研究 P 值和样本大小的人可以在网上找到很多有趣的辩论，但我很确定对于我和我的学生来说，高能量姿势是有用的。尽管摆个架势看起来有些虚张声势，但是事实证明，有些学生提前做过相关训练，并且在关键的会议、面试或展示上使用了高能量姿势，他们确实表现出了更多的自信。

举个例子吧，这是我的真实经历：有一天，我应大名鼎鼎的本托尔·肯尼迪房地产公司之邀，去给中层领导者、教授培训展示技巧。这时我刚刚学习了"高能量姿势"这项技能。于是在等待进入会议室之前，我坐在气派的大厅里，一改往日，没有拿着手机处理没完没了的邮件，而是把手机切换到飞行模式，放回包里，然后悠然自得地拿起咖啡桌旁边的华尔街日报，细细地研读起来。对于我来说，一个姿势是双臂舒展，手持报纸；另一个姿势则是低头耸肩，单指猛戳。这样的视觉对比，气场之高低可见一斑。在那个特别的早晨，我刻意舒展身体，我选择了报纸，放下了手机，带着清爽和自信步入会议室，带着成功者的风范。现在，我还在向学生分享埃米·卡迪于2012年在TED上的演讲，希望他们尝试一些高能量姿势，哪怕只是尝试一下，用事实告诉自己这条策略是否有用，是否可以减少焦虑、建立自信。

你我皆凡人，说话时偶尔都会感觉到焦虑，（除非你经验非常丰富，甚至成精了！）焦虑其实是件好事，它可以激发我们的能量，激励我们以积极的方法表述。在遇到自己不擅长的话题时，记住，我们有很多秘诀可以用来找到突破口，将对话从紧张转换为和缓。

语言、声音、视觉：成功对话的秘诀

在我们深入了解"语言、声音、视觉"这三元素是如何各自发挥作用之前，先考虑一下它们结合在一起是如何发挥作用的。语言要素是指从你口中真实说出来的话，如果我们在你作展示的时候把一个速记员放在房间的后部，他们记录的内容就是你在沟通中的语言要素；声音要素是指你如何使用你的声音，包括语音、音量、语速、语调；最后，视觉要素反映出你的非言语沟通，包括姿势、面部表情、肢体语言，以及个人的外貌。

　　当你在思考这三个沟通的主要元素时，语言、声音、视觉，你认为哪一个对听众更有说服力呢？多年来，我在教授这一部分时都会介绍阿尔伯特·梅拉比安（Albert Mehrabian）关于演讲中"语言""声音""视觉"三要素相关关系的研究。严格地说，从我开始教学生涯以来，他的研究就是我课堂上的一个重要组成部分。阿尔伯特·梅拉比安有一套幻灯片，生动地展示了他的研究成果。我们在演讲时真实说出的话，也就是"语言"要素，对听众产生的影响只占 7%；而"声音"的交流——也就是我们说话的方式——对听众产生的影响占到 38%；而 55% 影响力居然是通过"视觉"这一沟通要素产生的，即听众看到了什么。他的研究开始于 1967 年，发表于 1974 年，看起来犹如陈词滥调，可几十年来仍被公众演讲领域的导师以及作者广泛使用，本人就是最忠实的使用者之一。我办公室里有个书架，上面的很多书都错误地引用了他的研究，许多教授沟通学的同行也是如此。很多有公信力的权威学者曾公开指出过这些作者对研究的误读，其中包括《哈佛管理沟通报》前编辑尼克·摩根（Nick Morgan）和 TED 的首席执行官克里斯·安德森（Chris Anderson），甚至是年近八旬的梅拉比安博士也曾要求过公共演讲培训师们不要继续误用他的研究结果。然而，被误读的"梅拉比安法则"依旧挥之不去、大行其道。

　　如果说，我一个字也不用，只是凭借语气和视觉刺激就能让听众彻底理解我演讲中 93% 的内容，这话连我自己都不信。但是，我依旧会引用梅拉比安教授的研究，因为他强调的是这三者是不可分割的，我们的语音、语调以及肢体同样能够产生巨大的影响，而这些影响甚至远远超乎了我们的想象。我对这个研究最欣赏的一点就是梅拉比安博士总结了所有沟通中都存在的三要素，并加以清晰地区分，就连名称读起来也都朗朗上口。这项有关人际沟通的研究有力地说明了——当对方说出的话和行为表现之间存在差异时，人们更倾向于根据行为进行判断，而非语言。

语言：你说了什么

我们要说什么——这是大多数人在起草文案时最先思考的内容，这些语言是我们传递思想的载体。从我们选择自己要说出口的第一个词开始，我们就在思考如何表述我们的思想，并且在言谈话语间向听众暗示本次对话的正式程度。我们使用的措辞可以增加可信度；相反，如果一开口就是一连串听众听不懂的行业术语，貌似高大上，但实际上百害而无一利，轻则让听众困惑，不明白你想说什么，重则有损我们的可信度。

试想一下，我们如今日常依赖的产品和服务，大都起源于鲜为人知的初创公司。我们都熟知的联邦快递在 20 世纪 80 年代曾经用过一个非常直截了当的口号："今夜到达，一定到达。"还有 ZipCar[②]，他们的口号是："车辆随时待命。"通过这些文字，我们可以快速了解这些公司向公众提供何种服务。所以，在描述创意时使用的语言和措辞的方式会影响到我们的信誉，从而决定我们最终是否可以获得这笔订单。作为一名普通的受众，我们希望听到的，无外乎是"简单""明确"的信息。

不过讽刺的是，制作一个简洁、清晰的信息并非易事，它要真实而又具有说服力，可以传达我们的想法——不过这非常值得我们下功夫。如果领导者们在构思和修改时花了大量心思，力求清晰明了，那么听众听到时就会心领神会，自然愿意选择我们提供的产品或服务。所以，在沟通的准备阶段，要从第一句话就开始筹谋——是先分析你们面对的问题，还是直接给出解决方案？如何抓住听众的眼球？又如何让他们始终把关注点落在你们身上？不要忘记沟通的结束部分，也必须表达明确的意图。如果想改变听众的观念——对他们产生影响，或者让他们采取行动，那么最后一句话要说什么？要怎么说？最后，在展示过程中，不同环节之间如何切换才能做到承上启下、呈现出整体的效果呢？

用我们的语言吸引听众的注意力，强调他们需要了解的关键信息，扫除偏见，打消顾虑，提出全新的观念，推动他们行动起来。创建演示文稿时，也要以听众为根本，就像我们要做一件衬衫，单凭衣料是不够的，但没有衣料是万万不能的。

声音：你怎么说的

即便你传递的信息结构清晰、逻辑严谨、有理有据，但依旧可能因为某一细节的小纰漏而瞬间瓦解，我们的声音就是这样的细节。如果传递信息时，声音中流露出不确定性，闪烁其词，就会让听众不得要领，也降低了我们的可信度。我明确要求上我课的领导者们认真思考如何利用自己的声音：音量，是大是小？音调，是柔是刚？语速，是疾是徐？这些都很重要，以语速为例，轻快可令人兴奋，低沉则令人信服。它们是传递信息时的助力工具。

若想评估一下沟通时自己的声音听起来如何，毫无疑问，最好的方法就是录音。借助智能手机或电脑，很容易就可以录制自己的音频或视频。试着谈谈你的想法、你的目标、你的公司、你的项目或者你面对的挑战，然后根据下列五个重要指标评估一下自己的声音：

- 语速值
- 音量值
- 清晰度
- 口头语
- 活力值

你的语速如何？是否说得太快，快得别人都弄不清你到底在说什么？又或者，你是否说得太慢，慢得别人为了等着听出你的结论，几乎忍出内伤？事实上，你可以根据需要适当改变语速。展示时，轻快一些的语速可以增添活力；而涉及重点时，就要将语速放慢，以此表明强调；介绍策略或者叙述故事时，也可以降低语速，方便听众记住其中的细节。

理想的音量并不是一味地追求响亮，认为嗓门越大越好，而是要将音量拿捏到位，要让那些坐在房间后面的人也可以清晰地听到。在可以容纳三个人和三十个人的房间里进行演讲，使用的音量必然是不同的。如果使用麦克风，就应该充分考虑自己如何使用身上佩戴的扩音设备，配合演讲所在场地的音响设备，将音量调试好，让两者和谐。音量的大小，其实取决于我们的呼吸方式。当我们用横膈膜呼吸的时候，可以呈现出最好的效果。这就是我们所说的腹式呼吸，也就是一种使用胃部偏下的位置进行呼吸的方式。你需要花些功夫，才能熟练掌握这门技巧——你可以自己练习，也可以寻求专业培训师的指导，通过不断的训练，你可以更加自如地运用自己的声音，也可以驾驭更长时间的演讲。

清晰度体现在两个方面，一是措辞的清晰，二是发音的清晰。在此，我需要认真地定义一下"发音"这个词。我曾有幸与多位商界奇才共事，其中很多人的母语并非英语，他们中有不少人有着区别于本地人的独特口音，但依旧可以自如娴熟地与他人交流、发表演讲。所以，我个人认为，你根本没有必要把精力耗费在去除口音上。事实上，自然的口音可以增强个人的可信度，也可以彰显你驾驭多种语言的能力。但是，涉及"措辞"，就是另一个问题了。如果你的用词让听众无法理解，或者产生歧义，那么就要下功夫，力求用词准确无误。你或许可以选择其他的词，保证用词恰当，读起来也要朗朗上口；或者通过减缓语速、重复练习的方法来保证清晰度；又或者把容易使听众困惑的词放在幻灯片里、投影在大屏幕上，以确保听众能够理解。第六章开篇便会讨论使用非母语进行演讲时，演讲者所拥有的独特优势以及可能面对的各种问题。

现在，我们已经谈论了很多在口头沟通中有关"声音"的内容，包括我们选择什么样的方式进行展示，选择什么样的词汇分享信息。但是，还有一个不可避免的情况，它不在你的演讲稿上，但却会时不时地出现在你的展示当中——那就是口头语，它们会不自觉地融入你的表达中。常见的口头语可能是一些语气词"嗯""啊""呃"；也可能是一些没有任何实际含义的词，比如："好像""事实上""总的来说""说实话"等。这类词就好像填词游戏中的空格，只是用来补白，在沟通中并没有起到推动作用。

这可能是很难改掉的习惯。有一些策略不妨一试：第一，按我之前说过的，用录音或录像的方式记录下自己的演讲，这样做非常有效。方便你清楚地了解自己在什么时候会使用什么样的口头语，以及怎么用。很快，我们就可以找到自己使用口头语的规律。或许你会在回头看幻灯片的时候说："嗯"；或许在引出一个新的观点或者展开下一个观点的时候，你也会使用口头语。首先要找到自己使用口头语的规律，然后再去考虑如何减少口头语的出现。后文中关于非母语的沟通部分，我们会给出一些有效的方法，包括本书的联合作者卡拉·莱维所提出的——通过减缓语速来保证声音的清晰度[③]。

你的最终诉求是希望声音鲜活、有质感，希望可以为你的展示注入生命和力量，在必要的时候也可以恰到好处地呈现出庄严的效果。在我们开始着手处理声音这一要素时，我们要求演讲者克服他们由来已久的各种坏习惯，避免含糊其辞、废话连篇、翻来覆去、用词单一。

很多人尝试用图形解释马斯洛的学习四层次理论。多年来，我也看到过不少解释，但最吸引我的是多姆·摩尔豪斯（Dom Moorhouse）的版本，尤其是他的设计角度（见图 2-1）。我们一开始处于"无觉无知"的阶段，也就是说，我们处理问题的方法是错的，可是我们却没有意识到，还觉得自己做得挺不错。比如，你说了一句话，里面加了五个"嗯"，但是你自己根本没有意识到。这听起来糟糕透了，不过不必沮丧。当你意识到自己需要好好训练"声音"这个要素时，就不再"无觉无知"了。

4.无觉有知 自发的学习	自然可天成
3.有觉有知 有意识的学习	吸纳与汲取
2.有觉无知 意识到自己一无所知	茫然且无措
1.无觉无知 没有意识到自己一无所知	无知也无畏

图 2-1　马斯洛学习四阶段

资料来源：https://methodgrid.com/blog/10-building-a-firm-wide-sales-capability/

　　只要你意识到了自己的坏习惯，你就进入到了第二阶段：有觉无知。此时，虽然还是会犯同样的错误，但是你已经觉察到这些错误，很像人们在戒酒互助小组里说的一样，第一阶段是要意识到自己的问题。如果下一次介绍重要数据值时不小心又说了"事实上"，你的声带因此抽搐了一下，非常好，你进步了！

　　第三步，我们来到了"有觉有知"阶段。在这个阶段，你意识到了自己的习惯，并且努力纠正，这需要你分配出注意力，集中在这个问题上。处于"有觉有知"阶段的演讲者，较于之前，说话的时候难免会略显生硬、僵化，他们说话的速度可能会变慢，这说明避免使用口头语这件事占据了他们大部分的注意力。但是这样的关注是必要的，通过训练，在不久的将来，就可以做到最后一个阶段："无觉有知"。

　　第四阶段——"无觉有知"，是我们希望可以打到的"甜区④"，在这个阶段，我们根本无须关注自己的"声音"要素。我们养成的习惯自然而然地将声音展现出来，无须刻意修饰、小心谨慎。说到"无觉有知"的境界，我会联想到花样滑冰运动员在冰面上的表现，旋转、跳跃、行云流水、举重若轻。但是，世人皆知，这些运动员需要投入常年刻苦的训练，为了达到"无觉有知"的境界，不断地重复再重复。我发现那些斯坦福的学生总是游离在第二阶段和第三阶段——"有觉无知"和"有觉有知"，耗费了大量的时间。具体地说，他们意识到了自己的坏习惯，集中精力避免犯这个错误，但是当他们处理完了一个问题，刚刚松口气的时候，又有一个新的问题出现，把他们拉回了第二阶段。他们就这样兜兜转转离不开这两个阶段，始终无法进入到第四阶段。当我们真正达到"无觉有知"的境界时才会感受到，我们为了驾驭自己的声音而付出的努力都是值得的，可以让我们的沟通无往不利。

力量，驾驭声音的力量

我的朋友兼同事金·斯科特（Kim Scott）写了一本极具开创性的书，名为《绝对坦率》。她在书中讲了一个发生在自己身上的故事，她为埃里克·施密特（Eric Schmidt）做了一次路演，事后，雪莉·桑德伯格（Sheryl Sandberg）找到她，给她指出了一些问题。她管这个故事叫"'嗯'的故事"。

金在此前不久刚刚加入了谷歌，领导谷歌旗下负责广告发布的部门：AdSense⑤。这个部门在她的带领下以前所未有的速度迅速发展。有一次她向埃里克汇报了她对该部门下一步增长的一些想法。

随后，雪莉——金的新老板，听过汇报后从几个明确具体的方面对金的演讲给出了正面的评价，然后才指出："金，你说了很多'嗯'，你知道吗？"金没有理会这个反馈。后来雪莉再次向她指出这一点，金也没有理会。雪莉第三次提到这件事，金依旧没有理会。

最后，雪莉为了让金意识到这个问题，她郑重地说："我认为，我必须非常非常直接地和你进行沟通，让你知道你是我认识的少有的聪明人之一，但是'嗯'说多了，会让你听起来很蠢。"这一次，金才真正地意识到自己的问题。

金听取了这个意见，经过训练最终解决了这个问题。金用这个故事告诉我们"绝对坦率"的力量，我很喜欢这个故事，它让我知道了像雪莉·桑德伯格这样的资深沟通者是如何了解你的声音是否有力量，并且让你意识到这一点。

视觉：他们看到的

聊到现在了，我们讨论了很多，让你对"语言"和"声音"有了初步的了解。但是一定要记得我们一开始给出的提示：沟通的内容中，有超过一半的信息是通过非言语方式传递的——与说什么无关，与怎么说亦无关，一切都隐匿在非言语的部分里：通过肢体语言、行为举止，在不同场合的举手投足中表达出来。这个范畴包括你的眼神、表情、仪态，你的坐立行走，甚至你的衣着打扮。所谓沟通中的视觉要素，就是由听众目力所及的每个细节构成。

让我们关注一下视觉沟通的五个核心方面，这是每一位演讲者都必须掌握的：

- 眼神交流

- 姿态

- 手势

- 行动

- 交际空间

我们现在来探讨一下沟通的视觉因素，而其中首先要提的、也是最重要的、先于其他所有要素的就是"眼神交流"，在与人交谈时，请直视对方，坚定、不要移开。说话时，需要泰然自若地和听众保持四至七秒的眼神接触，这很重要，每一位演讲者都要努力达到这个标准。为了做到这一点，我经常会给学生提供一条策略："一人，一想法"。就是说，我们对位于房间左侧的人传递一个完整的内容，让我的听众感受到有那么一个瞬间，我与他们是独处的。然后我将整个身体转向房间右侧，对坐在那里的人传递另外一个完整的内容。我会保持一段时间，让对方充分感觉到我在和他们建立某种连接。如果我可以让自己集中精力，与听众中大多数人进行眼神交流——或者在较大的房间里，与大多数区域内的听众进行眼神交流——那么，即便是只有短短的三至五分钟的路演，听众们也会感受到与我建立起了连接，离开会场时也会记住我传递的信息。任何时候，只要我的视线离开了听众，放在了诸如幻灯片、讲义或者手表之类的事情上，我都会偏离重点，都是在浪费宝贵的交流机会。

除了明确坚定的眼神交流，成功的演讲者也应该呈现出利落稳健的姿态。我建议人们双脚分开、与肩同宽，保持大概4~6英寸的距离。如果双脚紧紧地并在一起，整个人看起来会比较僵硬、摇摇欲坠，移动时也会显得不太自然。如果双脚分开时距离过大，看起来就会比较蠢，像个海盗船长竭力在摇摆不稳的船上保持平衡，或许你头一次听到这种说法，不过事实确实如此。

我的同事当中，有些人专门研究女性的外在形象，他们让我知道了男女站立时，双脚摆放的位置是存在差别的。男性最好的站姿是分开双脚，与地面形成一个稳定的三角形，而对女性来说，身体重心与男性不同，最好方式则是一只脚轻轻地点在另外一只脚前面，从正面看，好像是立在地面上的一颗钻石，但从侧面看，依旧是一个稳定的三角形。所以无论男女，都应将身体的重量平均地分配在两只脚上，不要倚靠、不要松垮。因此，让我们调整出一个得体的、自然的站姿，让双手舒适地垂放在身体的两侧，在这样的姿态下，才能让手势发挥出其最大的优势。第六章中也会介绍更多具体的策略，专供需要出席会议的女性领导者参考。

有很多演讲者在开始演讲的时候，两只胳膊架在腰间，当他们这么做的时候，怎么看怎么像只霸王龙，跃跃欲试地要向猎物扑过去。卖力是必要的，但是不要做过了。如果你能将双臂放松地垂在身侧，你就会发现，在需要做手势的时候，它们很自然地向上抬起，帮助你表达观点，这可以让你拥有更大的空间，做动作时也更容易引发人们的兴趣。

根据路演或演讲的环境，你或许可以将肢体运动融为演讲的一部分，比如从舞台的一个地方移动到另一个地方。肢体运动不仅可以很好地吸引听众，让他们对你的演讲感兴趣，还可以帮你摆脱演讲时会出现的紧张情绪。当你开始尝试利用空间的时候，一定要记住，身体的移动要配合演讲内容的转换和过渡。在舞台的一个地方传递出一个完整的观点，然后移动，走到另一个地方，站定，再给出你的下一个观点。这样的身体移动不但可以吸引听众的目光和注意力，还可以帮助听众了解到，你所传递的内容是有层次的、有过渡的，每一次的移动，都是在用身体给段落画上一个句号。

在移动身体时，要注意沟通的交际空间，也就是你与听众之间的距离。不同的文化对于多远的距离是舒适距离有不同的界定，不过有一条黄金法则可以参考——至少要与离你最近的听众保持 18 英寸（约 46 厘米）的距离。当然，你也不应该离听众太远，因为你不会希望让他们觉得与你脱节。同样的道理，任何一件横亘在你和听众之间的障碍都应该被移开，因为它们会干扰你和听众之间的交流。如果有讲台，请不要站在讲台的后面，可以考虑站在它的前面或者侧面。记住，你的指导思想就是要与听众建立连接，在你们之间不要设置任何东西。好好思考一下，路演时该如何利用你和各位大股东之间的空间，将你们之间的交流最大化？

我课堂上的好学生，他们的演讲很有吸引力

正如我在导言部分说过的一样，我给学生们布置的大部分作业需要独立完成。这样可以让本来就是领导者的学生获得更大的进步，并且让他们始终专注在课程学习上。但是在期末，我会要求学生以小组的形式选择一个话题进行演讲。我会选出其中表现最好的小组，把他们的作业发布在斯坦福大学的 YouTube 上。

现在，我们的沟通课展示作品收集了大约 40 个不同话

题的演讲。截止到 2019 年 8 月，我们发布在平台上的演讲的点击量超过数百万。其中有一个话题是"让肢体语言为你锦上添花"，其点击量就高达 380 万。视频的作者共有四名学生，分别是：马特·利维（Matt Levy）、科林·贝利（Collin Bailie）、河正俊（Jeong Joon Ha），和詹妮弗·罗森菲尔德（Jennifer Rosenfeld），他们很高兴自己制作的视频点击量远超奥普拉（Oprah）在斯坦福大学的演讲，而且还在继续上升。演讲强调了非语言沟通的必要性、渠道和作用，让更多的领导者了解到他们非常有必要好好利用这个方面的要素进行沟通。

当你关注到沟通中语言、声音、视觉这三个要素的时候，你就做好了准备，可以表述你的观点、筹备你的路演了。当然，稍后我们还会深入探讨一下特殊的话题，比如对于沟通场所、社会环境或者沟通类型特定性的思考，用于进一步丰富你的沟通技能。但是，无论是谁，只要开始投入精力，努力优化口头表达、声音传递和视觉呈现，就已经迈出了走向成功演讲的第一步。

几句话，就让你的表达偏离正轨

卡拉·黑勒·阿尔特（Cara Hale Alter）在她所著的《可信度密码》中明确了四个经常会导致展示和交流偏离正轨的干扰因素，其中就有三项都与说话声音的大小有关。斯坦福大学商学院设有策略沟通课，学生在开课前几周的任务之一就是详细研读阿尔特总结的这四个干扰因素。你可以考虑将这个部分纳入到你的训练计划中，这将有助于提升个人的可信度，也可以让听众专心聆听你所传递的信息。

口头语

并不是"嗯"这一类的口头语本身不好，一定会带来不好的影响，而是太多的"嗯"或"呃"一定会干扰听众，让他们在理解你说出的内容时遇到困难，即便了解了也很难记住。（他们会说：瞧瞧，我们都在听些什么？）我们通常认为"嗯""啊"或者"比如"这一类的词是口头语，但事实上，从你口中说出来的任何没有实际意义的词都是口头语。口头语会在我们思考接下来要说些什么的时候出现；会在我们感觉紧张的时候出现；也会在我们感觉不确定的时候出现。所以，当听众听到这些词的时候，他们一定会嗅到怯懦和不确定的味道，这一点也不奇怪。

没有口头语也不一定就会完美了。当然，我们在和朋友闲谈时、和家人通电话时，或者在清晨点杯咖啡时，不会因为无意间溜出来一个"嗯"而感到慌张，但是在关键对话当中，如果可以消除、哪怕只是减少口头语，也是一项值得花时间培养一下的技能。

阿尔特建议，训练先从发现自己的口头语开始，因为大多数人根本没有意识到自己在使用口头语，或者不知道自己使用口头语的频率。了解自己说话模式最好的方法就是录制一段自己的视频。（想想就犯怵？我知道，但是回报很可观的哦！）这很简单，不过是找个朋友，拿着你的手机，录下你回答一个简单问题时的样子，什么问题都可以，你的兴趣、爱好或者某个计划，试着说满两分钟，这样就可以暴露出足够多的问题，让你更了解自己。

你会惊讶于自己听到的内容，想不明白自己为什么会在某个地方使用口头语，而不是更有意义的内容。意识到了自己使用口头语的模式，你就可以尝试在这些地方停下来。总的来说，减缓语速可以让你轻松地选择更精确的语言。

升调

阿尔特也提醒人们注意"升调"现象，这种现象让我们在结束每一个陈述时，就好像是在提一个问题。虽然问一个恰当的问题势必会达到某种惊人的效果，但是当我们传递重要信息时，或是做出明确声明时，都不希望别人认为我们都不确定自己说的内容。这种"问题印象"恰恰出现在我们用升调作为发言结束的时候。

为了提高你的可信度，试着从更高的音调开始，逐渐向下移动到更低的音调。当你自我介绍或谈论你的资历时，这一点尤为重要。当学生准备或修改展示文稿时，我建议他们在谈论自己的价值主张或经历时，要特别注意他们的降调表达——在这些地方你要尽量展示出你的自信，给人们安全感，让人们充分了解你是谁、你要做什么。有一句咒语叫作"用句号结束，而不是问号"，牢记它可以帮助你进一步贯彻这条策略。

为了进一步了解这一点，领导者们可以借助手势，将升调和降调的区别形象化地演示出来，当你使用升调时，将手向右快速抬高；当你使用降调时，将手向左缓慢落下。形象化的练习可以在很大程度上有效地减少升调的出现。

为自己辩解

我们都说错过话，明明想的是一件事情，说出去就成了另一个意思；我们曾经都有过搜肠刮肚、只为想出一个恰当的词的经历；甚至有人意气风发地迈向演讲台，却被不知道哪里来的电线绊了一个趔趄。但是为这类失误找借口，却是画蛇添足，这会进一步损害我们的可信度。

与其道歉或承认我们一时的错误，倒不如自嘲一番，让听众的注意力始终放在我们接下来要说的正事上，不被这些无关紧要的小事打扰，或者以退为进，直接给出一个可怜委屈的小表情。无论用什么手段，我对学生的要求就是不要纠结在这类问题上，要按照你的计划向前推进。

尝试一下让面部表情、语调保持中立，避免在传递的信息中夹杂你不喜欢的部分。如果听众的注意力放在了负面的细节上，他们很可能会受到干扰，从而忽略下一秒的重要内容。这样的事情很有可能会发生。

译者注：

① 焦虑管理：斯坦福大学商学院的沟通课程周期为 11 周，一年四期，依次为秋冬春夏四期。焦虑管理课程在第二周开始，因为它是其他教学内容的基础。

② ZipCar：Zipcar 是一家美国汽车共享公司，也是 Avis 预算集团的子公司。Zipcar 为会员提供汽车预订服务，按分钟、小时或日收费；会员

除了汽车预订费用外，还需支付每月或每年的会员费。Zipcar 于 2000 年由 Antje Danielson 和 Robin Chase 创立。

③ 作者注：因为口头语过多会影响到清晰度，所以卡拉在有关清晰度的文章中提到了解决口头语的方法。

④ 甜区：网球或羽毛球运动术语。在球拍上有一个区域，如果能用这个区域去击球，反击回去的球就会又快又好、威力惊人，这个区域就是甜区。

⑤ AdSense：Google AdSense 是一种获取收入的快速简便的方法，适合于各种规模的网站发布商。它可以在网页上展示相关性较高的 Google 广告，并且这些广告不会过分夸张醒目。

第三章 学会写作：主动语态 言简意赅 清晰明了 ☰

我教商务写作的时候经常告诉学生，他们写的东西在组织内部产生的影响要远远超出他们的想象。公司的 CEO 在见到你本人之前，或许已经读过了你写的邮件。不是每个人都会坐下来听你的现场演讲，但是几乎所有人都会看到你制作的幻灯片。写作非常重要，尤其在当今的商务环境下，然而，写作也是最容易被人们忽视的。为什么会这样？因为当今社会是一个要求快速沟通的社会，我们经常会忘记，白纸黑字才是最能彰显我们领导力的有力工具。此外，我们当中的大多数人都认为写作的风险性似乎要更高些，因为我们写的文章在我们与他人进行实际沟通之前就已经呈现在别人面前了，而等沟通结束后，这些文字依旧存在着。不仅如此，更因为在写作中，我们的思维落于笔头，白纸黑字毫无回旋的余地。的确，写作是高风险的。但是，这并不意味着写作就难于登天，应该受到限制、甚至冷落。最好的写作会让读者犹如身临其境，似乎在和你进行面对面的交流，将你与读者紧密联系在一起，超越时空的限制。

我喜欢从商务写作的模块入手，即 ABC 原则。所有的商务写作都要做到：主动语态（Active）、言简意赅（Brief）、清晰明了（Clear）。

A. 主动语态（Active）

我要求我的学生尽可能用主动语态进行写作。这一训练通常需要分两步完成：第一步，我们要先找出写作中出现的被动语态；第二步，我们需要用更加积极的、投入的表达形式取代被动语态。下面两句话的差别就是被动语态与主动语态的差别：

1. 球被提姆踢。

2. 提姆踢球。

主动语态的句子将主角放在句子的开头位置，这样处理更有助于直截了当地回答问题："谁做了什么？"这样的句子不但表述清晰、引人入胜，而且让人们更容易注意到提姆本人。想象一下，按照语法来看第一句话，"提姆"可以随随便便地略去不要，于是句子就简练成为："球被踢"（尽管提姆是动作的发出者，尽心尽力地在踢球，但是根据语法，他的确是可有可无的存在）。这类因使用被动语态导致沟通效率大打折扣的例子不胜枚举，自古有之，如今的流行文化中更是愈演愈烈。想想里根总统当年常说的话："错误被犯了""建议被提出了"或"意见被表达了"，诸如此类，都为人所诟病。

并不是我们绝对不能使用被动语态，而是我们应该控制其使用，力求让文章富有主动性和感染力。在高中，我遇到过一位了不起的老师——戴夫·威斯林先生，他有一句讽刺意味很浓的话，深深地刻印在了我们每个人的脑海里："所谓被动语态就是应该

'被'避免使用的'动'词'语态'。"我们使用被动语态写作，会导致我们试图描述的内容与事实脱节，甚至可能会给他人留下浮夸、傲慢的印象。使用被动语态淡化了沟通中人作为主体的作用，而事实上，能够与读者建立强烈联系的因素恰恰是人。

尽量使用主动语态，能够帮助我们区别于组织中的其他人、并脱颖而出，这是迈向成功商务写作的第一步。

我在写作课上会传递一个概念——尽量消除隐藏动词的使用，这个知识点非常类似于高中语法课的内容。为了解释清楚这个知识点，我会先选用一个生动的主动语态的动词作例子，然后使用这个动词的名词形式。比如：把"我们决定了"改写成"我们做了个决定"；把"我们通知了利益相关者"改写成"我们给了利益相关者一份通知"。前者中我们使用的是动词本身做谓语，后者则使用了名词充当的伪装动词。如果可以避免这种用法，我们的写作就会变得更加生动、有趣，自然可以做到简单明了。

如果你想在写作中进一步发挥主动语态的效果，还有一种方法，就是要尽量避免在主语的位置出现代词"它"，也不要使用无主语的句子，比如"有"。当我们看到这类表达的时候，经常弄不清楚这里的"它"指代的是谁，这里的"有"又是谁"有"。当年，我在宾夕法尼亚大学撰写自己的博士论文时，导师就曾认认真真地看完了其中一个章节，圈出了每一个"它"做主语和"有"字开头的句子。当然其中一些指代的内容还是可以判断出来的，但是大多数情况下，句子的主语并不明确。（我当时的注意力都集中在研究上，所以"主动语态"这条原则不知不觉地就被我丢在九霄云外了！）在草稿中，这样的结构随处可见。如果你可以将写作中的一半被动语态改写成清楚的主动语态，那么句子会更加明确，文章的内容也会更加有吸引力，我们的写作水平自然会有大幅度的提升。

B. 言简意赅（Brief）

读者集中注意力阅读的时间并不像我们想象的那么长。大多数情况下，注意力维持的长短是无法预测的。我再次想起了威斯林先生——我的高中老师，他还有一句名言："把你的答案控制在一句话之内。"作为领导者，我们每一个人都希望他人可以认可我们的表达能力，所以表达信息时一定要做到清晰、简洁、明确，当然，这是要花心思下功夫的。想一想，如果我们在表述文章上投入时间、用心推敲，那么读者在阅读时就不必耗费时间苦思冥想。相应的，文章可读性强，读者很容易找到，并且记住我们想要表达的重点。

还要尽量少用无实际意义的动词，比如"是"和"做"，要使用表达力更强、表达更精准的动词（详见附录 A 词汇表），让句子看起来言简意赅。此外，少用短语、多用单词，比如，将"做决定"改为"决定"；将"来到了房间"改为"到达"。

要想做到言简意赅，就要学会点到为止。

C. 清晰明了（Clear）

如果你已经学会了使用主动语态，并且可以做到言简意赅，那么接下来你的任务就是要做到清晰明了。要想做到这一点，先回忆一下 AIM 模型。问问自己：读过这篇文章以后，读者会不会按照我的预期采取行动？我是否清楚明白地告诉读者我要他们做什么？文章中有没有读者无法理解的词语、句子或表达？简单地说，如果读者在看邮件时，发现有哪句话需要返回头重新读一遍才能理解，那一定是作者的错，而不是读者的错。

在这个部分的结尾，我们会给出一些方法帮助你修改文章，包括别人的和你自己的。你还可以学习到许多有用的策略，来帮助你了解自己的写作是否做到主动、简洁、明了，是否达到了你预期的效果。

综合性表述（Synthesis）> 总结性表述（Summary）

我读过一本书，名为《让创意更有黏性》，作者是切普·希斯和丹·希斯（Chip and Dan Heath）。书中讲述了传奇编剧诺拉·艾芙隆（Nora Ephron）（其知名代表作包括《丝克伍事件》《当哈利遇见莎莉》《朱莉与茱莉亚》等）的高中时代的一个故事，当时，她的新闻学老师给了全部同学一条新闻，让他们给这条新闻加个标题，新闻如下：

> 贝弗利山高中校长肯尼斯·L. 彼得斯今天宣布，整个高中的教师将于下周四前往萨克拉门托参加一次关于新教学方法的座谈会。演讲者包括人类学家玛格丽特·米德、大学校长罗伯特·梅纳德·哈钦斯博士，以及加州州长爱德蒙·帕特·布朗。

> ——《让创意更有黏性》，英文版第 75 页

我在教写作时，灵活地引用了这个技巧。开学的第一堂课，我把同样的任务布置给 MBA 的学生，也请他们给这份高中校报上的新闻事件加个标题。几十年过去了，我的学生和艾芙隆那个年代的同学们没有什么不同，最后都是对这个事件进行了总结，没什么风格。事实上，他们给出的标题大都是对我给出的事件进行简单的重复。

写标题的工作并不是总结，更像是对事件进行深层次的挖掘与归纳，我称其为综合性表述：抓住信息的精华，也就是言外之意，呈现在读者面前。在这个案例中，艾芙隆的新闻学教师无比睿智，他告诉学生们标题应该是："下周四不上课！"这才是读这条新闻的人应该了解的核心信息。

管理者都会做出总结性表述，但是领导者的任务是抓住核心，对事情进行综合性表述。这就是为什么我让学生们牢记一个公式，也是唯一需要记住的公式：综合 > 总结。综合性表述比总结性表述重要得多，也是我们必须学习的关键技能之一。

我们的同事马特·亚伯拉罕斯（Matt Abrahams）持有相同的观点，他指出当你传递信息时，请思考三个问题："信息是什么？所以做什么？现在怎么做？"分享信息（信息是什么），告诉我们为什么有关（所以做什么），并阐明需要什么行动（现在怎么做）。这是另一个精辟公式，强调领导力沟通传达的信息可以让读者快速了解自己所需采取的行动。综合能力至关重要，却是一项常常被忽视的领导能力。任何管理者都会总结、回答"信息是什么"，但综合是领导者的任务，他们需要解释"所以做什么"、明确"现在怎么做"。

我们还可以通过 LOWKeynotes 项目来理解综合性和总结性

的差异，如果斯坦福大学商学院学生参与了 LOWKeynotes 项目，就需要在正式的公开场合进行 9 分钟的"迷你 TED 演讲"。在正式演讲前的修改反馈阶段，他们需要分别在小规模听众、客座教授，以及像我这样的教职员工面前进行多次彩排。观看彩排时，学生们站在舞台上面讲，我坐在下面拿着 iPad 疯狂地做着记录，写下我的每一个想法：哪些内容有用，哪些内容没用，哪些问题需要回答，哪些地方应该配图辅助说明。但是，如果只是将这些想法进行总结性的处理，然后一股脑地丢给学生，他们会被问题淹没、不得要领。任何一个理解力强的大脑面对无休止的单一建议都会死机，所以不能单纯地提供总结，而是要将总结提炼、整合成为综合性的信息。我只给学生提出最重要的几点，让他们去完成：对改变演讲效果最有用的几件事情、下次反馈时要关注的几个点。思考一下，从整体角度出发的总结，以及从重点角度出发的综合，显而易见，我们的目标应该是后者。

写作的阴阳：风格以及内容

我教商务写作时，都会给学生看一张阴阳的图片。我鼓励他们把阴看作是风格和形式，把阳看作是本质和内容。两者同等重要。如果你的报告信息丰富、重点突出，但写作风格平淡无奇，那么没有人会喜欢读，它不会带来任何影响；如果你的电子邮件格式和风格都很漂亮，但缺乏实质内容，那也无法说服你的读者。要想写得好，二者缺一不可。

当你写出来的文章多使用主动语态，表述方面言简意赅、清晰明了，而且可以提供综合性的信息而非总结性的信息，那么文章就会内容丰富，既包括实质性信息，也具有说服力。至于文章风格以及样式方面，重点是如何打造读者友好型的文章。如果读者可以轻松地在文章中找到自己需要的信息，并理解你想表达的内容，那么他们一定愿意接受你传递的信息。引用美国证券交易委员会的《简明英语手册》里的一句话："一个简单的英语文档很容易阅读，看起来像是注定要读的一样。"

　　万事开头难，所以有一个好的开头至关重要。无论是从报告的标题，还是从邮件的主题，读者都应该看出你的重点是什么、你想问什么或者你要讨论什么。想象一下，如果你的标题让人一看就感觉：文章太长、读不下去，还会有人看吗？一封邮件的主题使用"签到""跟进"之类没什么信息量的内容，或者根本就没有主题，我们大多数人也会直接忽略。当读者知道为什么要看这份邮件的时候，他们才会打开它甚至打开附件。好的主题要直接切入重点，兼顾描述性、准确性的特点，让读者知道你为什么要写这封邮件，比如："8 月 22 日的会议的最新安排"或"周五上午 11 点关于设计的后续座谈"，这些都是很好的范例。

　　首先，你要有一个信息量丰富的标题，然后再使用可操作的小标题展开主题内容。文章的每一个部分都要用小标题表明关键信息，用粗体突出。如果读者太忙，没有时间阅读整个文章，那么他们应该可以通过阅读你给出的标题和小标题了解文章的主要论点和诉求。使用什么样的小标题，关键是看你希望通过邮件或文章的内容传递给读者的主要信息是什么，确定后用粗体字标明，然后放在这段文字的开头处。

　　现在你需要思考一下你的文章以什么样的形态呈现在读者

面前，是不是满鼻子满眼全是字？你写的段落一般有多长？读者在看你的文章时，有没有喘息停顿的机会？在文章中适当留白有助于读者停下来消化文章的信息，这样做可以让你的文章更加平易近人。试着像欣赏一件艺术品一样欣赏你自己的文章。留白和文字的比例是多少？你是否可以使用留白增加文章的可读性？

提高留白和文字比率的一种方法是使用项目符号。项目符号增加了文章的留白，突出了重要的内容，并且可以呈现清晰的条目。我们要求学生在文章中归纳各段落的中心或要点，并在适当的情况下，尝试使用项目符号引出这些内容。读者在看你的电子邮件或者报告时，如果可以轻松地找到要点，那么沟通的效果一定会更好。

Slidedocs 简介

我教商务写作的这些年里，见证了幻灯片的惊人进化，使用方法层出不穷。曾经，多数咨询公司在为客户传递信息时，都是把 PowerPoint 当作文字处理工具，而不是演示工具，这种情况持续了很多年。我当初曾试图打破这种趋势，在课堂上公开批评过咨询公司的管理层，因为他们在幻灯片里插入了太多的文字。然而，我逐渐意识到，幻灯片承载着传递信息的使命，这不是我凭借一己之力就可以打破的，相反我倒是可以好好利用这个机会教授人们如何写作，并且利用影响力将信息展现出来。

我的偶像南希·杜阿尔特让我对自己意识到的这一点更加深信不疑。2016 年她和她的团队注册了"slidedoc"这个商标，方便人们在演讲中使用。其中 165 份有关幻灯片的高质量 PDF 文件堪称幻灯片制作的元组，它们解释了 slidedocs 的创建过程。杜阿尔特说："slidedos 就是使用演示软件创立的一份文档，在这份文档中，图像与文字互相结合，在每一页幻灯片上呈现一个清晰的观点，最终成为一个向受众传递信息的媒介，可供读者阅读、摘录。"这种媒介比单一的文档或者演讲都要快速有效，这就意味着，它可以在没有主持人的情况下，印刷和分发给读者，或直接在屏幕上阅读。

我强烈推荐这一工具。理由很简单：它真的很棒。杜阿尔特团队在他们的网站上提供了明确的方向和易于遵循的模板。

修改很重要（既包括修改他人的文章，也包括修改自己的文章）

本书的这个章节并不是在讲语法规则，而是在讲作为领导者该如何提高写作能力，重点就在于写作的结果和意图。如果你希望自己写作的文章有影响力（也就是说，可以遵循主动语态、言简意赅、清晰明了这三条原则），那么就要在修改的方面下功夫，并掌握相关技巧。要一而再、再而三地研读自己和他人的文章，这样做可以提高写作的能力，也可以知道如何让文章变得简洁、清晰。好的修改者能够发现自己写作中固有的坏习惯，经过一段时间的努力，他们就能在写作的时候避免大部分类似的错误，即便在初稿中也是如此。

但是，当你开始写作的时候，我们希望你可以轻装上阵，不要因为编辑工作而感到负担。《关于写作——一只鸟接着一只鸟》的作者安妮·拉莫特（Anne Lamott）说："初稿就是垃圾，它们鄙俚浅陋、佶屈聱牙。"那么写邮件、报告、演讲的初稿时，你可以尝试着写写"垃圾"，将头脑中关于"受众""意图"和"信息"的想法全部记录下来。我们当中的大多数人在没有文本束缚的情况下，可以更加有效地记录下有意义的内容。写完你垃圾一样的初稿后，站起来，伸伸腿，来杯咖啡。你值得拥有。然后，等一个小时，要是能等上一天就更好了，带着一双慧眼，重新审视你的初稿，用下面罗列出的建议，对你写的东西进行评估。

我的合著者卡拉·莱维在斯坦福大学商学院和其他地方担任培训师，她在工作中汲取了丰富的经验，开创了一套特定的方法，帮助我们修改文章，我想在这里与你分享。卡拉的观点表述如下。

首先，我非常希望学生们大声朗读他们的作品。耳朵经常会发现眼睛不能发现的错误或习惯。在阅读的时候，眼睛为我们提供了一种神奇的服务，可以填补缺少的单词，解释尴尬的语法结构，忽略冗长拖沓的论述。但我们的耳朵就没有这样的才华了。我们大声朗读的时候，就会发现读一个冗长的句子会浪费很多时间；也会发现一个单词被重复了很多次。所以，找一个你不会打扰邻居或引同事侧目的地方，从大声朗读开始。

读着自己写的文章或他人写的文章，你需要集中注意力，寻找自己希望进一步了解的内容。当遇到问题时，请做好标记。比如：什么样的信息能满足你的好奇心呢？这个理由会使你的观点更有力吗？举个例子能更充分地说明原因吗？

你需要标记出哪些部分会让你感到困惑、无聊，或者偏离轨道。同样地，标记出富有活力的文字、正确的观点或有趣的谈话，这对你也很有帮助。突出有效的部分是常用的培养写作习惯的方法，这有助于我们成功。

首先，回想我们之前提出的关于 ABC 原则的建议，还有关于结构的建议。你有没有记住这些内容呢？这些是基础。

接下来，你可能想了解一些具体的工具来紧凑和强化你的文字——记住，我们仍然要使用大声朗读的方法。具体如下：

- 避免使用条件性的虚词。当听见自己读到"我会建议"，请改为"我建议"。

- 牢记"ABC 原则"中的"A"：主动语态。当你听到被动语态时，请转换为主动语态。

- 当你看到一个很长的短语用来表达一个动作的时候，请简化为一个动词。比如："令人感到有了动机去做某事"，可以使用简单的"激励"表述。

- 删除读者已经了解的信息：可能是一些读者已经非常熟悉的具体数据，或者是像"我想"这类看起来不够笃定的短语。（读者本来就认为这些是你的观点，因为你是作者啊！）

- 把长难句变为两个或者更多的短句。读读看，如果你必须在中间停下来呼吸，如果你需要努力去解释其含义，又如果你读到一半就不知所云了，那么这个句子太长了。

● 请记住，信息丰富的标题和小标题非常有用。尝试扫描测试：如果只读文章的标题和小标题，跳过正文段落，是否能够理解总体的信息、问题或论点？如果不能，就要适时地为你的标题和小标题添加一些特定的、信息丰富的内容。

与同事或朋友交换文章可以帮助你进一步掌握这些工具，熟练地运用它们来分析别人的写作风格，当然还有你自己的。此外，你需要多花些时间，确保按照"ABC 原则"进行写作，这会提高你的影响力，增加你的可信度，让你的文章更有说服力，而不是看过就忘记了。创作初稿时，你享受了自由、无拘无束、没有负担、不需要考虑对错。那么就把修改看作你送给自己的第二份礼物，这是一个机会，让你利用全新的视角精心打磨出最好的文章。

格伦·克拉蒙（Glenn Kramon）的心动之作

我最初受雇于斯坦福大学，负责创建一门写作课程，以配合 2007 年秋季启动的 CAT（Critical Analytical Thinking，批判性分析思维）课程。此前，我和一支有才华的写作培训团队一起工作了 8 年。每年秋天，我们都会批阅 2 000 ～ 4 000 篇论文，并提供详细的反馈和个人辅导。在这些年里，尽管努力了这么长时间、与一群有才华的教师合作，我们对于写作的影响和品味却远不及格伦·克拉蒙一人。

2014 年秋天，格伦·克拉蒙加入了斯坦福大学商学院，担任市场营销讲师，并创设了一门写作选修课，名为"心动之作"。仅仅几期课程之后，由于需求不断增长，他不得不加课。几年后，他受聘于商学院，成为了一名全职教师。目前，他每年要为将近 40% 的商学院就读学生授课，还有一些来自其他学校的博士和硕士研究生。课程独树一帜，与众不同，将机智与个性化反馈融为一体。

在每期课程结束时，他会将所有课程的知识点进行总结，并且配上该学期学生课前与课后的写作作为例子。和我在商学院的许多同事一样，他慷慨地允许我在本书中将他的部分课程提供给读者。

除了讲话，你还可以通过写作这种方式证明你是一个激励型、建设性的领导者。所以，无论你写什么形式的文章——电子邮件、内容反馈、绩效评估——记住要表扬，并且进行建设性的沟通。

说你喜欢的或者感兴趣的内容，避免谈及你厌恶的，否则没有人会听。正如我的同事汤姆·弗里德曼（Tom Friedman）在 2002 年 10 月 2 日的《纽约时报》专栏中所写的那样：

"生活中有两种批评者，有些人批评你，是因为希望你失败，另一些人批评你，是因为希望你成功。一英里外的人都能闻出不同的味道。如果你能够让人们相信，你真的希望他们成功，他们会接受你提出的任何批评。如果你说你其实是蔑视他们的，那么哪怕你说太阳会发光发热，他们都不会信你的。

　　避免使用有破坏力的词，比如'这很无聊'或者'这很荒谬'。尝试着换个思路，说说怎么样才能做得更好。这是'心动之作'这门写作课里最重要的内容。"

　　在附录 C 中，你可以了解更多关于格伦课程的内容。

第二部分

定制你的专属沟通——目标、场合、个人特质

第四章 根据目标定制你的专属沟通 三

在我们精心准备沟通的时候，应始终牢记沟通的意图，不过，有时也可以使用一套特殊的操作流程进行准备，从使用特定的媒介、模式、语言或信息入手，以实现特定的目标。目标越可控、越具体，沟通就越个性化，就越能迎合受众的特殊需求。以下是一些我们在斯坦福大学和其他地方遇到的最常见的使用范例。

路演

任何时候我们有了一个想法并且希望得到认可，我们都会采取路演的方式：说明这个想法的优点，获得别人的支持和合作。甚至像说服朋友在哪里共进午餐这样简单的事情，也可以采用这样的方法。但在本章中，我们重点关注路演这一形式，这是企业家们每天都要面对的问题：如何推销你的商业冒险，或者如何寻求商业合作。我们在斯坦福大学商学院以及其他地方获得了千万份路演案例，研究后我们总结出最好的建议，帮助你写出有意义的、难忘的内容，强化重点信息，吸引目标受众。我们会引导你明确有待解决的问题，提供解决的方案，锁定目标的市场以及规划可行的商业运作。然后我认真观看学生们的路演练习，每一个环节都不放过，并进一步完善他们要传递的信息，用于最终的展示。

策划路演的内容：分析问题、解决方案、开拓市场和商业运作

我教授演示技巧已经很久很久了，从一开始，我就对企业家们说："要想让你的路演吸引眼球、让人过目不忘，就一定要从内容入手。"我认为现在关于路演策划最好的资源之一是克里斯·利普（Chris Lipp）的《创业路演》。克里斯对他在硅谷和其他地方看到的数千个路演案例进行了调研，分析企业家会选择什么样的内容来确保路演达到预期效果。通过分析，他设计了一个非常简单的四步结构公式，以保证路演效果（见图4-1）。

首先，我们必须说服受众相信目前存在着问题。然后，我们必须提供解决问题的方案，解释这一方案与我们刚刚分析的问题之间存在的直接联系，细化到问题的细节。接下来，我们必须证明解决这个问题可以带来商业效益。例如，不仅仅我们自己会在旧金山市中心遇到停车问题，很多人都会在这里遇到停车问题……而且许多城市都存在着同样的问题，所以所有人都能够从我们提供的解决方案中受益。（他们不仅会受益，而且还会为这个可以解决问题的方案埋单！）最后，我们需要证明我们有一个可行的商业模式：通过解决这个问题，开辟一个市场，投资者们会从中获取收益。无论该模型是广告模型、订阅模型、直销，还是B2B[①]销售，我们需要做的就是让人们看到，我们有明确的计划，确保可以从中获得价值。

| 分析问题 | 解决方案 | 开拓市场 | 商业运作 |

图 4-1　克里斯·利普的路演公司

资料来源：克里斯·利普 . 创业路演 [M]. SpeakValue，2014.

让我们看看四步结构公式的每一个环节。

分析问题　开始描述这个问题时，清楚的描述很重要，要确保你的受众理解这个问题的痛点。为什么这是一个问题？这个问题产生的影响是什么？它们为什么那么重要？如果这个问题很普遍、大家都了解，那么你可能很快就能确定此次路演的最终目标。但如果这个问题鲜为人知，或者需要进一步解释，那么你可能需要和受众分享一些视频、图表或者案例，告诉他们为什么我们需要解决这个问题。通过你的分析，让大家了解这个问题的发展趋势，并提出相应的目标。比如：随着人口年龄的增长，情况是否会越来越糟？环境、经济或时间因素是否会随着时间推移增加其影响？如果问题真的如你所说，那么你还要指出，对解决方案的需求只会随着时间的推移而增加。在进入第二阶段——解决方案——之前，务必确保受众了解问题的迫切性。

解决方案　克里斯·利普告诉我们，在开始介绍解决方案之前，还要强调你的"唯一销售地位"（Unique Selling Proposition，USP）。具体地说，为什么只有你能够解决这个问题，而其他人解决不了？与这一领域探索、从业的其他人相比较，你的创业公司有何不同？换句话说：为什么选择你这个人？为什么采用你这样的处理方法？为什么现在就要处理这个问题？

如果你能把握机会，亲自引导我们看完全部的解决方案，或者带着我们使用你开发的应用程序，浏览你建立的网站，那么路演很有可能大获成功，因为这种亲自演示的方法可以让投资者清晰地了解自己未来的收益。

最后强调，谈话一定要涉及收益，你的解决方案可以为你的资助者带来怎样的收益？确保我们理解为什么你解决这个问题的方案将给我们——也就是你的受众——带来好处。人们经常一味地想着谈论他们的产品特点，但这样做往往忽略了一个重要的路演因素。想想史蒂夫·乔布斯是怎样介绍 iPod Nano 的：他没有告诉我们它有 16GB 的内存，也没有告诉我们它有 2 英寸宽、3 英寸长。相反，他说："想象一下你口袋里有一千首歌。"他通过谈论为用户带来的利益来描述 iPod Nano 的特性。概述解决方案背后的利益对于获得产品投资绝对是至关重要的。

开拓市场　当重点转移到市场问题时，你应该要讨论得更加全面一些，包括已经确定的初始目标市场，以及初始市场之外可以扩展和延伸的各个领域。告诉投资者你对市场规模的预估。请在这个环节向我们展示你完成的调研——不仅仅包括可以涉足的市场，还要说明这些市场的潜力。在讨论目标消费者市场时，你需要有效地突显服务方面的优势。也许你的客户是高净值的人群，那么还可以向他们介绍其他产品。也许这是一个服务不足的市场，那么你就可以打开一扇门，提供其他产品和服务。请确认两点：第一，你充分了解你的市场；第二，为你心目中的市场提供服务。明确这两点就明确了未来的利益。

商业运作 最后，你需要介绍商业运作的细节，以及上市策略是什么。具体来说，你需要让投资者了解，你计划在什么时间、以何种方式将此产品或服务推向市场。务必分享你的收入获取模式，并且要清晰地表明，你认为收入模式大约在何时将开始为你盈利。设定一些重要环节作为里程碑，并且告知你的投资者，到达这些节点时他们可以看到自己的投资获得多大的回报。

完整的路演模式包括了分析问题、解决方案、开拓市场和商业运作，当我看到它时，经常会想到棒球场。首先，我必须上一垒，在那里我解释问题，并说服投资者相信问题需要解决。在二垒上，我会阐述我对这个问题的解决方案，也就是我独特的销售主张。在三垒上，我会为解决问题寻找一个市场、一个机会。本垒则表明我已经有了一个可以盈利的商业模式，用以服务这个市场、提供解决方案、解决最初的问题，而此时，我要给投资人打分了。

每个部分需要投入多少时间呢？这要看你对于待解决的问题的熟悉程度、问题本身的复杂性、你提出的解决方案，以及投资者是否具有雄厚的投资背景。你需要根据业务的关注点和受众的知识水平，自定义花在每个步骤上的时间比例。牢记：四个步骤都很重要，不要跳过其中任何一个。整体大于局部之和，这些要素需要协同工作，让受众清楚地了解为什么他们应该帮助你实现你的想法。

搭建桥梁：一个可以让路演更有效的练习

我在斯坦福大学做过很多与路演相关的工作，其中大部分就是和企业家团队一起为路演做准备工作。斯坦福的加斯·塞洛纳（Garth Saloner）创建了 Ignite 教学项目[②]，现在由约西·范伯格（Yossi Feinberg）负责，这个项目非常成功，很多人都通过这个课程学习到了关于路演的相关知识。学院在夏季提供为期四周的脱产课程，结业后颁发证书；在冬季还会开设为期三个月的在职课程。每年夏天，我们还会邀请一群退伍军人来到校园，为他们量身定制一套 Ignite 课程，帮助他们从军人过渡到普通民众，满足这个过程中的不同需求。

在这些团队设置中，一名参与者充当"创意制造者"——从创建商业计划到路演，为整个团队的工作提供产品或者创意。我会在课程开始时先和参与者见见面，为他们提供关于有效路演的基础知识，然后把时间留给他们，大约在最后正式路演前的一周，我回到他们当中，为团队提供培训，让他们以最好的状态面对应邀前来的风险投资人。

这些训练课程就像是为团队提供了一个门函数，为他们设定了一个范围、明确了一个方向。然而，这个过程中存在着一个非常突出的问题。很明显，在我培训之前，没有几个团队真正地公开彩排过。他们通常就同一话题进行五六次"个人演讲"。团队间可能会有明确的职责范围，授权某人负责某一部分，但是没有凝聚力。他们只是在各自的小世界里准备着自己的材料。一些团队在演示中使用的幻灯片甚至出现了格式、颜色和字体不一致的情况，我们称之为"弗兰肯斯坦页面"[③]，这让人感觉演示不是完整的整体，而是无关内容的拼凑。这个阶段的路演比较粗糙，然而未必没有潜力。完成我的桥梁练习，通常可以帮助你开启新的境界，满足你的需要（见图 4-2）。

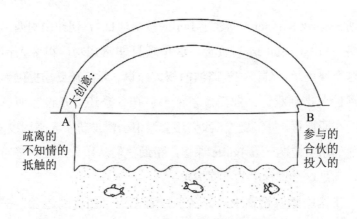

图 4-2　搭建没有桥墩立柱的桥梁

　　首先，我来到教室白板前，在左边画了一条河岸，在右边画上这条河的对岸。我从左边开始解释："这是 A 点，是你与投资者一开始的状态——疏离的、不知情的，甚至可能是抵触的。"

　　然后我走到最右边说："这是 B 点，是你希望他们最终达到的状态——参与的、合伙的、投入的，甚至可能是投资的，他们会欣然打开自己的通讯簿或支票簿帮助你获得成功。要从 A 点到 B 点，你需要通过团队演示搭建一座桥梁，让他们过河。"

　　接下来，我从 A 点到 B 点画了一个拱门，以及起到支撑作用的连续桥墩。拱门代表了具有创新性的"大创意"。我问学生们："如果你必须把路演的产品或创意合成 7 ～ 11 个单词，短小精干，正好写在拱门合适的位置充当广告牌，那么你会说什么？"我们需要反复推敲，最终为路演确定工作主题，使其涵盖具体问题、解决方案和其他机会。这个创意变成了连接 A 点和 B 点的桥梁（见图 4-3）。

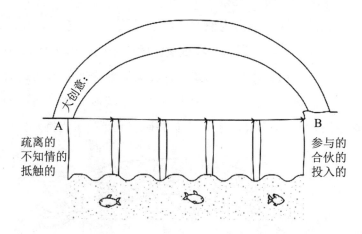

图 4-3　搭建有桥墩立柱的桥梁

现在，我们有了一个桥梁的结构，来连接 A 点到 B 点，还需要一个平台让我们从一边走到另一边。每个演讲者都提供了一个"小创意"，从路演工作的第一句话（吸引注意力）到最后一句话（邀请参与）推动我们一步步向前。在这部分的活动中，学生们慢慢见证自己与团队其他成员写的内容逐渐合为一体。团队成员开始相互交换核心信息，展示的观点越来越全面，展示也越来越具有价值。

图 4-4 显示了 2019 年退伍军人 Ignite 项目团队完成的桥梁练习示例。项目人员非常慷慨，允许我使用这个案例说明搭建桥梁这一概念。一个由六人组成的团队通力合作，努力实现其中一名成员的创业想法——Amissa，这是一种创新的可穿戴设备，可以帮助跟踪患有阿尔茨海默症的流浪者。乔恩·科尔基（Jon Corkey），一名参军 25 年的退役海军老兵，在北卡罗来纳州的夏洛特创立了这家公司。创业后，他来到斯坦福大学为自己充电，培养自己作为企业家的技能。当我在白板上勾勒出了桥梁练习

时，乔恩的团队便努力为他们的展示寻找"大创意"，也就是拱门广告牌的主题。通常，我试图鼓励一个团队用 7 至 11 个单词抓住本质、概括主题（比如广告牌上的标语或保险杠贴纸上的提示）。最终，我们一起确定为"阿尔茨海默症，糟透了！追踪伴侣为患者、家属、护理人员和研究人员提供支持。"

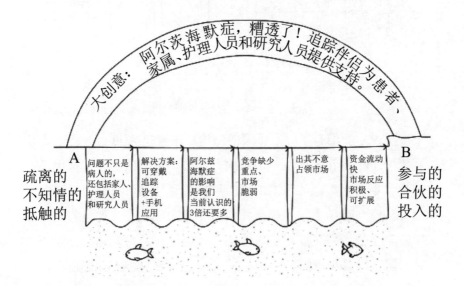

图 4-4　搭建桥梁，全部填写完成，但没有呼吁受众采取行动

接下来，我找到了团队的每个成员，让他们为了完成整体的展示，用同样的方法表述各自的"小创意"。每个小创意受相同的条件制约，服务于大创意（见图 4-4）。

但真正的奇迹发生在乔恩做综合结束语的时候，他用桥梁连接了彼岸，呼吁大家行动起来（见图 4-5）："我们有吸引力。我们需要人脉和资金取得成功。"

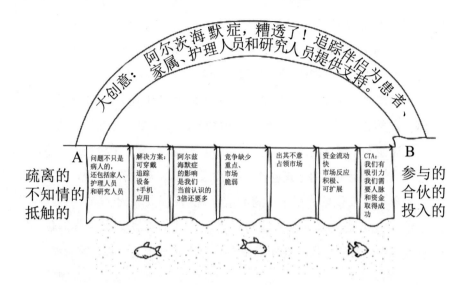

图 4-5 搭建桥梁，全部填写完成，并呼吁受众采取行动

在我们通力合作之后的几天，Amissa 团队给出了他们最终的路演方案，团队的工作和乔恩的想法给风投留下了深刻的印象。团队告诉我，桥梁练习对他们帮助很大，让他们更有吸引力和凝聚力。现在乔恩已经回到了北卡罗来纳州，继续追寻着他的冒险。

路演的 CUE：引发好奇、充分解释、传递佳音

在我们结束本节关于路演的内容之前，还要介绍一个框架，这或许对你有所帮助。我们的同事伯特·阿尔珀（Burt Alper），在很多地方教授路演策略。他提醒企业家记住这个缩写"CUE"。他说所有的路演都有三个最主要的部分：引发好奇（Curiosity）、充分解释（Understanding）、传递福音（Evangelism）。

在引发好奇阶段，企业家应该吸引受众的注意力，让潜在的投资者或合作伙伴感到好奇，理想的情况是让他们渴望了解

更多。你可以通过介绍引人注目的研究、提出深刻的问题或分享生动的故事来引发这种好奇心。无论你决定怎样做，一定要吸引你的观众，并激发他们想要知道得更多的渴望。

伯特解释说，下一个阶段，你必须努力让他人明白、理解你传递的信息。可以通过提供技术细节、共享图纸或进行产品展示来让他人了解你的产品。站在第一阶段已经构建的平台之上，你必须以清晰而简单的方式进行解释，让受众真正理解你的创新之处。

不过，仅仅依靠引发好奇和解释说明还是远远不够的。第三个阶段是激励受众成为福音传播者，让他们帮助你宣传你的创意或产品。伯特建议企业家们多多谈论未来的潜力、宏大的规模，以及产品或服务能够带来的重大价值。你一定希望受众看完你的路演，然后说："一想到你路演中的内容，我就迫不及待地想告诉我所有的合作伙伴"。正如我们在本书的其他地方分享的那样，如果你能以一种真实但仍然有效的方式进行"销售"，那么达到的效果一定是最好的。不要不好意思，"主动让他们下单"。邀请受众采取行动，拉近与他们之间的距离，让他们投入并且参与其中。

如果你能激发受众的好奇心，让他们理解你的主张，并且在你的要求下愿意为你做宣传，那么你就达到了成功路演的主要标准。如果这个简化的模型也能产生良好效果，那么就把"CUE"当作路演锦囊里的另一条妙计吧。

讲故事

孩子们上床睡觉的时候，我会给罗姆和约书亚讲故事。不管我给他们讲了多少故事，他们总是要求"再讲一个"。似乎在很小的时候也能表现出来，我们很喜欢精彩的故事——这是有理由的。作为成年人，我们知道讲故事可以完成其他类型的语言无法做到的工作。有时，故事是说服他人、激发情感或表明重点的最好方式，故事也是与受众建立联系的最好方法，我们通过分享个人的、视觉的、惊人的和难忘的细节来实现我们的意图。

无论你是在展示、商务会议还是在网络活动上讲故事，把故事讲好的原则是始终不变的。多年来，我们教导未来的领导者们如何通过故事与受众建立联系，在这个过程中，我们找到了一些最佳方案，这一定有助于让你的故事动听，可以牢牢抓住受众的注意力，让他们记住你要传递的信息。

精心编写你的故事

请记住，每一个好故事都会描绘故事发展过程中的各种变化，包括态度、行动或情感——哪怕是一个微妙的变化，也不要放过。你的故事展现了怎样的变化呢？比如你说："我们改变了我们周围的现实。"这还不是一个故事，因为它没有明确揭示什么产生了变化。但是，如果你说："我们每天用300根塑料吸管。有一天，我们看到了一篇报告，它告诉我们这些废品会产生的不良影响。然后我们改变了做法，再也不用塑料吸管了。"这才是一个故事（尽管有些苍白）。它显示了一个随着时间的推移而发生的变化。先弄清楚自己的故事想要揭示的变化是什么，然后再尝试下面列举的技巧，让你的故事变得更加鲜活。

降落伞进入　最会讲故事的人不用什么序言，而是直接把我们带入到剧情中。他们不会在讲故事之前说什么"我想给你们讲个故事，那时的我……"，而是直接让我们进入故事的场景中，为故事定好基调、做好铺垫。你可以在后面的讲述中揭示你真正的意图和其中的道理。

精心选择开头和结尾　就像故事的一开始，你乘着降落伞从天而降，一下子吸引读者的注意力。同样的，你也希望用一个形象生动、发人深思的结尾结束你的故事，引得众人跃跃欲试，让他们在故事结束后继续回味思考。所以要花些心思，精心选择你的开头和结尾。

细节上，请遵循"金发姑娘理论"　细节的呈现要不多不少，恰到好处。如果你给我们太多的细节，我们可能会迷失在细节里，再糟糕点，我们会失去兴趣。如果你没有提供足够的细节，我们可能缺乏某些背景信息，无法充分了解故事，或者无法把你的故事和我们自身联系在一起。下列建议是我和卡拉经常与众人分享的，它们让你了解如何给出恰当的细节。

减少不必要的细节：找出重复的描述，看看是否可以删除多余的内容。比如：这个房间是不是既"拥挤"又"幽闭"？这些词描述的信息，都是在告诉读者关于房间带给人们的感受，它们是相同的。多余的词都在描述某一东西的外观、感觉、味道、声音或气味，把这些描述删掉，限制字数，每个需要描述的内容只使用一个修饰。

提供更多的细节：请使用这五种感官。在你的故事中，是否发现有什么地方缺少细节？问问你自己："物体的外观、声音、气味、味道如何？你对它有什么感觉？"你还可以问自己："主角现在在想什么？"这些问题的提示可以帮助你填充故事的细节，建立与读者之间的联系。

了解原因：要想让故事好听，就要做好如下工作——说明一个观点，让别人相信一个想法，或者揭示一个真相。你正在讲一个故事，那么你为什么要讲它？你希望观众最终了解到什么或者感受到什么？在做头脑风暴时，你可以写："我告诉你这个是因为……"。通常在商业背景下，向受众明确地说明你希望他们听过你的讲述之后掌握哪些关键信息，这点非常重要。但无论你是选择口头表述还是其他方式，首先要清楚自己到底想要表明的关键信息是什么。如果你不知道从何做起，像往常一样，重新回到"AIM"框架中去。

讲述你的故事

在我们探讨沟通中的语言、声音和视觉时，你已经了解到，精心编写故事的叙述部分，只是讲故事的一部分。一个会讲故事的人还要考虑如何把故事讲得好听，这才能够彻底俘获并吸引听众的注意力。

把故事聚焦在"一个人、一个想法"上 当你和一个小组的成员对话时，一次只关注一个人，最好保持 4 到 7 秒。如果有可能，讲故事时要尽量和每一个人进行交流。不要像座灯塔一样，用眼神大面积地扫过人群，而是要和每一个个体进行眼神交流。甚至可以考虑，选择一个听众作为你故事中的一个角色。

考虑运用诗歌的力量 使用更少的词传递更多的意义。我的高中英语老师韦斯林先生用"魔法谷物卡车"的类比来教育我们关于诗歌的知识。他让我们想象一下：如果有一辆神奇的卡车，可以帮助农民运输普通卡车通常情况下载重量 7 倍的谷物，那么会怎样呢？（你能想象我是在堪萨斯州长大的吗？）

我们会发现这样一辆卡车可以带来无数的好处：行驶更少的路程，消耗更少的燃料，同时节省更多的时间。然后他总结道："那么诗歌就是这样的。只用几个精心挑选的词语，巧妙安排就可以赋予它们更深远的意义。"三十多年前发生的这一幕，让我想起了诗歌的力量。

此处无声胜有声　作曲家在创作交响乐时，会在需要静默的地方添加休止符。这个休止符和乐曲中的其他音符一样重要，是不可缺少的部分。沉默是一个强大的工具，人们在讲故事时还未曾充分地使用它。刻意安排的沉默会突出我们表述的内容，也为马上要说的事情留下悬念，也留下时间让他人独立思考。

故事的力量

我们已经在本书中分享了大量 LOWKeynotes 项目资料库的信息，所以我真心希望你能访问 YouTube 上面的斯坦福频道，看看里面精彩的演讲。大部分演讲中都能找到许多讲故事的好例子。

蕾切尔·沃拉赫（Rachael Wallach）于 2017 年的演讲"突破残疾"就是一个与讲故事有关的例子。18 岁那年，她因一次事故而瘫痪，之后的多年里，她一直积极倡导保障残疾者的权利。在谈话中，她分享了两个她与医生打交道的小故事。第一个是在她 8 岁的时候，当她被告知需要戴眼镜时，医生提供给她很多镜框，让她考虑、选择。第二次是在 10 年后，另一名医生告诉她，她需要在轮椅上度过余生。这一次，医生没有给她一个多余的款式让她选择。她以一个令人难忘的问题结束："为什么我们不能像对待戴眼镜的人一样去对待坐轮椅的人呢？"在短短几分钟内，她用行动诠释了我们在本章中涵盖的一切技巧，从降落伞进入到恰到好处的细节，再到使用类比，最后给出清晰的结论。

蕾切尔后来创建了自己的企业——突破残疾（Disrupt Disability），并推出了她的第一件产品——穿戴式轮椅，这是一款模块化的轮椅，你可以不断地调节轮椅，让它适应你的身体、周围环境和个性化风格。她自由地分享自己的经验，她讲故事的能力是她作为一名成功企业家的关键。

用数据讲述你的故事

你是否曾经有过这样的经历——看到一些你根本无法忽视的数据？故事讲得足够好，数据提供得足够丰富，你就永远不会忘记这些数据对你产生的影响。我的亲身经历可以说明这一点，那是在 1999 年 8 月，我最好的朋友哈维尔揪着我的胳膊，让我报名参加阿拉斯加艾滋病疫苗骑行活动。在 6 天的时间里，我们 2 500 人为了给艾滋病疫苗筹集资金，一路骑着自行车从费尔班克斯到了阿拉斯加的安克雷奇。

那天早上，当我们准备出发、开始第一段骑行之旅的时候，组织者把参与者聚集在一起，旨在激励我们——不仅要坚持骑车，而且要在骑行结束后很长一段时间里继续为疫苗筹款，并鼓励我们为这项事业做贡献。当我们坐在那里，穿戴着自行车装备准备出发时，组织者把 34 人带上了舞台，他们都穿着印有骑行标志的运动衫，其中 28 人穿着黑色运动衫，6 人穿着黄色运动衫。这 34 人代表了当时全世界 3 400 万艾滋病患者和感染艾滋病病毒的人。穿黑色运动衫的人代表了 2 800 万人，他们无法获得抗艾滋病病毒的药物。而 6 名穿着黄色运动衫的人代表了 600 万已经接受药物治疗的病毒感染者——他们当中大部分生活在发达国家。然后，12 个孩子走上舞台，他们都穿着红色的运动衫。这些孩子代表了 1 200 万儿童，其中大部分是生活在撒哈拉以南的非洲孤儿，他们都因艾滋病而失去了双亲。

20 年后，每每想起这个用数据讲故事的例子，我依旧意难平。我还记得这些数字，因为设计这个故事的人用心良苦，他用的方法的的确确让这些数字对我产生了影响。这类将数字视觉化的讲述方式，可能在日常交流中不多见。但我想把它介绍给你们，它就像是一个触点，激励人们去思考，当你讲述一个目的明确、引人入胜的故事时，数据可以对你的受众产生相当大的影响。

阿尔伯特·爱因斯坦有句名言："凡事应力求简单，但不能过于简单。"这正是我们的目标，下面的工具可以帮助我们把数据变成故事。

画数据表前先构思故事　试想你看到一张难以理解的幻灯片，眯着眼睛仔细端详那些毫无意义的曲线穿过令人困惑的坐标轴或者散点图，试图弄明白它们到底想要告诉你什么——我们肯定你有过这样的经历，此时，你目睹的就是用没有构思故事绘制图表的现象。这种方法不仅难以理解，而且它不能让你的故事打动听众、带来预期的结果。因此，在绘制图形之前要先构思故事，这一点至关重要。如果把沟通过程想象成一座冰山，那么制表只是冰山顶端的那一角，只占总质量的 10%，剩余 90% 全部藏匿在海水之下。制图不能代替讲故事，它只是这个过程中很小的一部分。

所以，开始寻找故事灵感，不要只盯着图表看，而是要从查看数据开始。对自己的思路进行分析，明确沟通主题、关键信息和重要趋势。清楚了要讲的故事之后，我会测试几种不同的图表、曲线图或各种可以将故事视觉化的方法，看看哪种最有效。这种做法非常有用。

无论何时我坐下写一个故事，它的结构都是值得悉心思考的。南希·杜阿尔特在 2011 年的 TEDxEast 演讲中引用了弗雷塔格金字塔来说明故事的结构，我个人认为它特别实用。（见图 4-6）

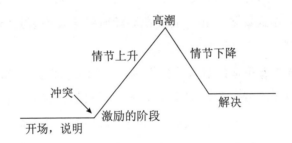

图 4-6　弗雷塔格金字塔 参考南希·杜阿尔特

这个模型已经有 100 多年的历史了，但我们有充分的理由提到它。它包含了一个故事中最重要的元素。看看故事路径中开端的部分——注意这个用于开场和说明的部分有多短。大多数情况下，我们在这个部分的投入都比预期的要少得多。相反，我们往往会尽快转向主要的冲突，以此来展开故事的情节。这个冲突或矛盾的激化将推动故事的情节上升，引领着故事进入高潮，而后，根据你要讲述的故事，它将进入情节下降的环节，并且提出解决的方案。

回想一下过去几十年里你看过的那些好电影，随便哪一部。联想到我蹒跚学步的孩子，出现在我脑海中的第一部电影无疑是《海洋奇缘》。（嘿，那部片子很不错！）电影的开端部分非常简洁，序幕拉开后，故事直接进入到矛盾冲突部分：摩瓦娜的岛上缺乏植被，当地部落也没有足够的食物。电影的大部分时间都是为了讲述这个情节，摩瓦娜开始寻找特菲提之心，最终找到了它，并把它带回了海岛。紧接着呈现解决问题后的结局——活力重归海岛。

你收集的数据中也会呈现出与故事相同的曲线。冲突是什么？采取什么行动可以解决或是改变冲突？如果你想让人们行动起来，那么就要让你的故事在高潮时结束。不管是解决还是改变，都要从故事的发展模式出发。

了解并尊重你的听众　接下来，我们再次回到 AIM 模型。要想把故事讲好，你就需要思考你的听众是什么人？什么样的数据水平和图表类型可以恰到好处地对他们产生影响？你的听众是否深谙此道？他们是否能够理解回归分析？他们比较容易接受加工处理后的综合性信息，还是更希望你按部就班地把细化的数据呈现给他们？考虑一下你在分享数据时采用的详细程度和复杂水平。

避免使用像食物的图表（饼形图、甜甜圈图以及意大利面图）
经典的饼形图、甜甜圈图以及意大利面图不再是使用数据讲述故事的最佳选择了。因为如果你像我一样，这些图可能会让你越讲越饿。当然不仅如此,更重要的是,这些图表很少以受众可以理解的方式呈现数据——它们无法清晰地解读你的意图。看看图 4-7、图 4-8 和图 4-9,你是否明白我想说什么?

无论是谁,想要解释图 4-7 中的饼状图,都会发现很难想出一个故事来。饼状图的下半部分数据是想表明一些警示性的内容吗?它到底是什么意思呢?想要弄清楚演讲者意欲告诉我们的内容,还需要大量的解释工作。

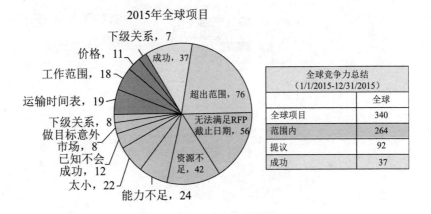

图 4-7 原始饼形图

资料来源:Storytellingwithdata.com.

现在以图 4-8 中的条形图为例。第一个条形图显示了完全相同的数据,只是视觉化数据的方式不同。现在,你在理解数据时,是不是感觉容易些了?你在看到以不同形式呈现的数据时,应该能够更好地理解演讲者脑中的关键信息。当你的数据包含很多组成部分、需要多张幻灯片时,你更不愿意用饼形图展示出来,因为它带来的视觉效应影响力不大,而且容易让人困惑。

时间和资源问题是我们不能提交/获得提案的
首要原因

为什么我们没有提交提案

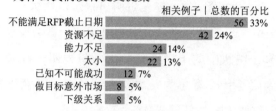

为什么我们没有获得提案

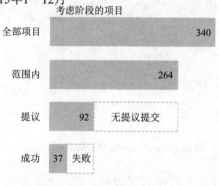

图 4-8　使用柱形图表示的版本

资料来源：Storytellingwithdata.com.

导致提案失败的时间安排和资源

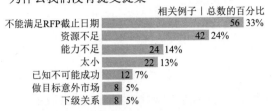

为什么我们没有提交提案

	相关例子 | 总数的百分比
不能满足RFP截止日期	56 33%
资源不足	42 24%
能力不足	24 14%
太小	22 13%
已知不可能成功	12 7%
做目标意外市场	8 5%
下级关系	8 5%

为什么我们没有获得提案

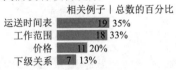

	相关例子 | 总数的百分比
运送时间表	19 35%
工作范围	18 33%
价格	11 20%
下级关系	7 13%

全球项目总结
2015年1—12月

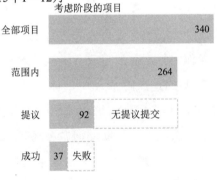

考虑阶段的项目

全部项目	340
范围内	264
提议	92 无提议提交
成功	37 失败

图 4-9　配有明确、严谨标题的进阶版本

资料来源：Storytellingwithdata.com.

把一个复杂的故事分解，用多张幻灯片展现　不过，你可以进一步深入地简化幻灯片。这为我们提供了另一个解决复杂幻灯片的方案：考虑将它分解成多张幻灯片或使用 PowerPoint 软件"切换"功能中的"显示"工具。你不必让整个故事挤在一起。

请注意，在图4-8中，她将数据分成三个部分："全球项目总结""为什么我们没有提交提案"和"为什么我们没有赢得提案"，这样一来就更容易理解了。

我注意到，使用一些简单的动画来一小部分一小部分地展示信息，也可以让观众更容易跟随你的故事听下去。即使你的整个团队早已把幻灯片的打印版本发放到他们手中，你还是需要用动画的方式，将一张张幻灯片在屏幕上展示给他们看，这样观众才会随着你的展示，跟上故事的节奏。慢下来可以让其他人更容易跟随你的思路。

写标题时使用强势动词，效果更强烈　我的学生们都知道，我对助动词④一类弱势动词有很严重的偏见，看了这本书，你也会知道我的这个偏见了。在关于强势写作的讨论中，我们逐一分析了原因，解释为什么强势词汇可以表达得更具体、更简洁并且激励受众行动。当你用数据讲故事或者用故事解释数据的时候，强弱词汇是同样重要的。在附录A中，你可以找到一个强势动词的列表，其中包含156个单词供你使用。这些词可以直击你的听众，对他们产生影响，这是助动词做不到的。最重要的是，每一张幻灯片或数据的标题，都应该为这张幻灯片或这部分数据服务。不要说些晦暗不明的话，让你的听众绞尽脑汁去揣摩故事的含义——他们可能根本不想听，或着根本听不懂。要成为一个有亲和力的演讲者，就要用清晰的语言作为标题引出你的故事。

简化图形可以获得更大的影响　当我们为受众提供一个复杂的图像时，我们很难控制他们的关注点落在什么地方，也不能确定他们获得了哪些信息。简单的图像可以让受众专注于我们想让他们记住的信息。如果你有背景和边框，那么首先删除这些东西；如果可能的话，去掉图例和轴标签。每每我们标注这些的时候，我们其实是在引导受众看下面或者旁边，这会偏离我们的中心焦点。

然后，我们要标注出重要的数据点。如果你的数据故事是要讲述培根为什么是列表食物中热量最高的那一个，那么你可以考虑用特殊的颜色标注表示培根的列，其他的则使用灰色。

当然，简化的过程需要拿捏好尺度。正如我们之前提到的，你确实想尽可能让事情变得简单，但切忌矫枉过正！不过，对数据的视觉呈现方式做一些小的调整，可以让受众更容易理解你想要讲述的故事。

使用真实数据进行练习　想要成为用数据讲故事的个中高手，最好的方法就是用真实的数据训练这些技巧。现在就找一些你个人或者公司目前正在处理的业务数据，你可以从手头的数据中发现什么样的故事呢？这些故事可以让你得出什么样的结论？你如何使用上面的方法向你的观众揭示这些结论？

这是我给斯坦福的学生布置的一份作业。我将各小组分成不同职能的团队，并给每个组一个相同的数据集。然后，我为他们安排特定的受众群体，并指导他们从数据中挖掘一个引人注目的故事，并要求他们用最多三张幻灯片来说明这个故事（力求简化！）。最后，我设计了一个"篝火晚会"，大家围坐在一起，聆听每个组分享他们精心制作的故事。

就像这本书中的每一个主题一样，练习会让你无限接近精通的水平。但是只有使用真实的数据进行练习，才能使你的练习有的放矢、趣味盎然并且别具一格。

自我揭露

偶尔，领导者会跨越商业的界限，和听众分享一些比较私密的个人信息。史蒂夫·乔布斯就是通过这种方式，向公众透露自己身患绝症。有时，领导者会积极主动地选择在什么时间分享某些关于个人性质的信息，但更多时候，领导者们根本控制不住舆论，特别是出现丑闻或不正当行为的时候。在商业、政治和娱乐圈里，这样的例子举不胜举：安东尼·韦纳（Anthony Weiner）、哈维·韦恩斯坦（Harvey Weinstein）和艾尔·弗兰肯（Al Franken）等。事实上，维基百科中有一个这样的列表，身败名裂者的名单有长长的好几页。

在 LOWKeynotes 项目中，学生们会选择分享自己生活中的个人信息，内容涉及方方面面，从与抑郁的斗争、到比较隐性的残疾、再到被自己的初创公司解雇的经历，甚至发现自己的父母对可卡因上瘾。我不确定在分享这样的个人隐私时有没有正确的方法，但我很确定的是，其中存在许多"错误的方法"。在本节中，让我提供一些最佳的案例，在你准备暴露自己脆弱的一面时可以参考。

布芮妮·布朗（Brené Brown）写过一些关于羞耻和脆弱的著作，它们都是杰作。没有这些，我都不知道今天如何开始关于脆弱的话题。脆弱也蕴含着力量，她努力告诉人们不要因脆弱而感到羞耻，在这一点上，或许没有人比她做得更好。2010 年，她第一次在休斯顿的 TEDx 上的演讲累积超过 4 200 万点击量，随之而来的是正式的 TED 演讲，她的著作《无所畏惧：颠覆你内心的脆弱》也登上了《纽约时报》的畅销书榜。如果你之前没有看过她的书，也没有看过她在 TED 和 TEDx 上做的演讲，那么一定要看一看。你的生活可能就此改变，就像其他的很多人一样。脆弱不是达到目的的手段，而是本身的一种选择。如果这是你已经做出或正在权衡的一个选择，请考虑一下这些建议。

了解自己的意图，检查自己的动机

布朗在内心深处认为，脆弱是治疗羞耻感的最好方法。她在《无所畏惧》一书中写道："羞耻会从人们不可言说的事情中汲取力量。"作为领导者，如果我们能有效地利用脆弱的独特力量，就可以扩大我们的影响力，然而要谨慎处理。从长远来看，一个试图通过"示弱行为"来操纵团队或客户的领导者很可能无法成功。人们对于领导者真诚度的怀疑迟早会上升，领导者最终作茧自缚。回想一下第一章中的 AIM 模式：作为沟通的结果，我希望受众思考什么、感受什么、说什么或者做什么？

如果你自我揭露的动机是自私的，那么你需要重新考虑一下是否分享你的隐私。如果你或多或少是为了满足个人的需求而分享你的私密信息，那么请相信不会有好结果，毕竟天不时、地不利、人不和。布朗还说过："我只有在自己无欲无求的时候，才会分享。我坚信，如果向受众展示脆弱是为了给他们带来治愈，而不是对他们的回应有所期待，那么这样的分享就是美好的。"

首先和关系密切的人分享，征询他们的意见

在你向公众公开你的消息前，要先告知身边的重要商业伙伴、直接主管，或其他重要的关系密切的人，这一点至关重要。事实上，与这样一个值得信任的伙伴详细沟通可能是评估你的

意图和动机的最佳方式。如果你信任的人和了解你的人都认为分享某一信息尚不明智，那么就要慎重考虑。至少，你不希望这些值得信任的人"是最后一个知道真相的。"

那些看过《汉密尔顿》的人都还记得那个场景，伊丽莎是在她的丈夫出版自己的手稿（18 世纪末的博客！）、为自己的不忠辩护后，才知道丈夫出轨了。她一边烧掉汉密尔顿曾经写给她的情书，一边唱着："为了澄清你的名誉，你毁了我们的生活。"尽管有戏剧化的处理，但重点很明确：首先，告诉那些你最关心的人；其次，如果可以选择的话，参考他们的意见，判断是否有必要在更广的范围内公开你的私密信息。

考虑场合和媒介

对于揭露什么，你希望自己说了算，同样的，你也应该仔细考虑选择在什么地方、以何种方式揭露你的隐私信息。亲自对外宣布你的隐私信息能够达到很好的效果，然而这么做对于你本人和听众来说都是一种挑战。面对着当事人，人们可能更难接受听到的信息。想一想你可以选择的所有途径：手写的文件、打印的邮件、电话，或者私人小聚的饭桌上、小组会议中，又或者直接当众宣布——甚至是在 TED 舞台上。如果你明确自己的意图和动机，那么场合和媒介的选择可能非常简单、直接。

在斯坦福大学，我教过一个案例，这个案例是由雷诺多·罗奇（Reynoldo Roche）在弗吉尼亚大学学习 MBA 时编写的：介绍保诚分部 QMA 的首席投资官马克·斯坦普（Mark Stumpp）。马克选择接受变性手术，从男性转为女性，成为玛吉·斯图姆普。2002 年出现这种情况时，公司没有任何经验，不知道如何对外发布此类消息，但保诚做得非常妥当。当玛吉准备回去工作的时候，她的上司首先打电话给关系密切的同事，告诉他们这个消息。在正式回归前一个周末，这位主管再次给他们逐一打电话确认。然后，该主管又给公司的其他员工发送了一份备忘录。

提前计划如何回答他人提问

如果你选择口头传递信息，你也应该选择是否要对公告发布后的问题予以答复。如果你选择单一的分享，而不回答问题，你应该提供一个资源或途径，让人们可以通过它了解更多的相关信息。

我清楚地记得，在 2009 年 1 月，斯坦福大学商学院由于金融危机被迫要在一天内解雇 60 多名员工。院长鲍勃·乔斯（Bob Joss）和高级副院长丹·鲁道夫（Dan Rudolph）确定名单以后，所有被解雇员工都在周二中午前接到了通知。当天下午 2 点，乔斯和鲁道夫举行了全体会议，向学院的所有人发布了这个消息。他们提供了捐赠收入损失的证据，解释了他们削减开支的理由，以及在没有这些工作人员的情况下的工作安排。然而，他们知道这对很多人来说在心理上无法接受，所以他们选择不接受任何现场提问。不过，在接下来的几周内，在规模更小的团队和部门范围内，他们会召开会议处理相关问题。这一选择非常恰当，处理得条理清晰而明确，给我留下了深刻的印象。如果人们对发布的信息存在疑问，你必须提供一些渠道，回答他们的问题。

为相应的结果做好准备

你最好在信息公布之前制订一个"最佳／一般／最坏情况"

的计划。这个消息可能完全没有影响，对你来说，或许价值在于分享本身，而受众是否接收倒是没有那么重要。然而，造成的影响也可能远远超乎你的想象。这个消息可能成为病毒，四散传播（字面上意思或比喻上意思），你可能做梦都想不到，会有更多双眼睛、更多只耳朵追随着你发布的信息。我经常看到人们准备了"最坏情况的计划"，不过最坏的事情没有发生，但这份计划可以增强你的信心。

在这里，再次强调，要征询他人的意见。找一个你信任的、做过类似事情的人，看看他是否能帮助你解决后续可能出现的问题。奇普·康利（Chip Conley）在一次 TED 谈话中也谈及了自己的一些挣扎。我和他并不熟识，但我在准备 TED 演讲时给他打了电话征询他的意见，他慷慨又坦率，不吝惜自己的时间，为我提供了非常专业的建议和指导。

我的故事：2011 年 TED 演讲，自我揭露之旅

你们中的许多人可能看过我的 TED 演讲，题目是"打破沉默，阻止二次自杀"。如果还没有，请花四分钟的时间看看这个演讲，然后了解背景故事，这是我生命中的一个关键时刻。演讲在我发表之后的几个月才播出，那时已经是 2011 年了，但故事要从 2010 年的 TED 演讲说起。当时有一位参与者名叫格伦娜·弗拉梅尼（Glenna Fraumeni），她做了一个简短的三分钟讲话，就此改变了我的生活。她分享了自己与恶性脑肿瘤做斗争的经历，并且决定坚持到底。她在讲话一开始就说，医生告诉她自己只剩下三年的寿命，在结束的时候，她说："到了 2011 年圣诞节，我可能会不在人世了。你又会在哪里呢？"

　　她的这个开放性问题困扰着我。我在日记中写道："我什么时候才能讲述我的故事？也许是明年？"当我注册2011年的TED演讲时，我看到了一个名为TEDYOU的单独注册模块，领导人可以在这里获得机会在舞台上发表演讲。我和我的丈夫——肯，以及值得我信赖的良师益友——罗杰，讨论了这个想法，并决定注册发表演讲。2003年一次相当戏剧性的自杀后，我侥幸活了下来（还有在此之前，从7年级就开始，我有过许多次尝试），自那以后，我坚信我们需要给那些自杀的幸存者更多的支持。

　　我为这次演讲做了好几个星期的准备，并从信赖的人那里获得了很多可靠的建议。经过无数次的碰撞，我最后确定了故事结构，选择用第三人称讲述自己的故事。我谈论着我自己，就好像在谈论另外一个人，一个叫约翰的人。我并不确定是否应该透露约翰到底是谁。演讲一共四分钟左右，于是在大约两分钟半的位置，我写了一句话："我很了解约翰的故事，因为我就是约翰。"我在写这份演讲的时候，采用了这种方式，给我留有余地，如果我不打算让人们知道我是演讲里谈及的人物，那么我就可以不揭晓约翰的身份，我的演讲依旧是有意义的。当然，这产生的影响或许没有那么震撼，但对整个结构也没有什么影响。我设计了一个"出口匝道"，让我到了关键时刻再做出选择。

　　走上舞台之前，我做了祈祷并交托出去，到时候我自然就知道该不该揭晓约翰的身份了。今天，我很高兴我说了出来，我的讲话向世人暴露了我的脆弱，可我不再为此而感到羞愧，更重要的是，我的讲话也对世界产生了更深远的影响。来到棕榈泉听我演讲的听众鼓励我，他们起立、为我鼓掌。之后整整一周的时间里，人们一有机会就请我喝咖啡、请我吃饭，至少会给我一个大大的拥抱。我很高兴我说出来了。

但后来 TED 想把这个话题放到网上，我不确定自己是否准备好接受这么大范围的曝光。我当时准备在斯坦福大学当教员，我不知道以后的同事将对我承认自己患有抑郁症、还有过自杀经历的事情作何感想。更棘手的是，如果我的学生们看到了这个演讲，我又该如何在课堂上面对他们。我要求 TED 给我一些时间来做决定。甚至连 TED 创始人克里斯·安德森（Chris Anderson）也亲自发电子邮件联系了我。他思虑周全，强调由我来做选择。他说：

> 在我看来，如果在 ted.com 上发布这次演讲，它会带来更大的影响。只要你同意，我们非常乐意这样做。我认为你会结识更多和你有过相同感受的人，也会结识他们身边的人。我也明白这样做可能会让你更容易受到伤害，这真的很难。我认为，任何看过你演讲的人，只要尚存一丝人性，都会尊重你曾经付出的努力。但即便如此，做出这个决定也绝非易事。不过我真心希望，你愿意走出这一步。我想对于我们所有人来说，它是一份真正的馈赠。

当我考虑的时候，我联系了我的朋友和同事珍妮弗·阿科尔（Jennifer Aaker）寻求建议。她是《蜻蜓效应：快速、有效、强大地利用社交媒体来推动变革的方法》的作者、公认的专家，她知晓故事的力量，擅长表达故事的意义和目的。她不仅能看清故事会在社交媒体上产生的力量，了解这些故事能够带来的连锁反应，而且还能想到这样的做法可能会改变我在学术机构中的地位，更能够为重新任命加分。她说："你不需要担心 TED 演讲在学校内的影响，但是你可能会受到更大范围内的关注，这种关注猝不及防、来势汹汹，你确定自己已经做好准备了吗？"

我又花了大约一个月的时间来做决定。在那段时间里，我失去了另一个朋友，他自杀了。我从小就和他上同一所学校，直到高中毕业。我觉得，如果我演讲的目的是要"打破沉默"，那么通过 TED 的平台发表演讲，无疑是最具影响力的途径。我们和 TED 的团队一起合作，最终选择了 2011 年 6 月 11 日作为发布日期。8 年前的今天，就是我自杀的日子，这是八周年纪念日。这一天曾是我最耻辱、最黑暗的一天，我要用我的演讲重新给这一天带来光明。在这个过程中，TED 为我提供的支持超乎想象。那个周末，他们组织了额外的人手线上待命，竭尽全力保证受到演讲触动的听众，可以从官方了解到真实的情况，或者寻求到正确的帮助。

到目前为止，我在 TED 上的演讲已经有超过 180 万的点击量，并被翻译成 39 种语言。我的许多学生也看到了，但因为我选择示弱和坦诚，所以，从来没有任何负面影响需要我去处理。我曾两次受聘于斯坦福大学商学院，如今我在斯坦福大学奈特—汉尼斯学者奖学金项目中担任高级领导职位。一切都很顺利。我甚至已经开始筹备我的下一本书，来专门研究这个主题。书名暂定为《回归生命的桥：一个人是如何从死亡边缘来到生命中心的》。

我的亲身经历为这一章节提供了五条建议，从明确自己的动机，到寻求家人和朋友的意见，再到为可能产生的后果做准备。多年来，当其他人来找我说："我真不知道是否可以告诉别人某件事情。"我就会像当年克里斯·安德森在我做决定时那样回答：
"如果你感到不确定，那可能是你还没有准备好。"在试图采取行动之前，检查一下自己的动机，弄清楚你公开这些信息的真实原因。但如果你决定公开，一定要确保这样做不是为了自身获利，而是为他人带来好处。

译者注：

① B2B：企业之间通过网络进行信息交换的商业模式。

② Ignite 教学项目：斯坦福大学商学院教学项目，其总体目标是为商业代表提供在商业成功道路上的知识、工具和人脉。它提供机会让学员验证其商业计划的商业可行性，重新评估商业模式和市场，并由有经验的业务导师和行业专家提供建议和反馈。代表们还可以通过创业生态系统获得丰富的资源，从而建立人脉与工作关系，为他们的企业提供助力。

③ 弗兰肯斯坦页面：来自于科幻小说《科学怪人弗兰肯斯坦》，指格式、字体、背景等不一致的文件或幻灯片。

④ 助动词：英语助动词是与实义动词（也叫行为动词）相对而言的。协助主要动词构成谓语动词词组的词叫助动词，被协助的动词称作主要动词。助动词往往无实际意义，常见助动词有 7 个：is，are，was，were，has，have，had。

第五章　根据环境定制你的专属沟通 ☰

在准备沟通时你会仔细考虑特定受众，同样地，你也应该仔细考虑沟通的环境。在 TED 舞台上演讲和开个小组会议使用的沟通策略是截然不同的。在本章中，我们会带领你体验各种不同的沟通场景，比如在舞台上做个人的公开演讲；与团队成员协作进行演讲；在答疑的环节回答问题；还有需要使用幻灯片的时候，无论是线上还是线下，我们会告诉你如何定制专属你的沟通方式，让你在各种会议中无往不利。

会议

要想让会议取得真正的成功，关键是在会前和会后。很多情况下，真正的工作在你踏进会议室之前就开始了。而会议的具体效果在散会之后才显现出来。看起来居于次要位置的后勤工作，恰恰是会议的关键。

在你发出邀请之前，想想此次会议需要哪些人出现？这些人是必不可少的吗？杰夫·贝索斯（Jeff Bezos）曾经说过，开会时理想的参会人员规模应该是"两个比萨团队"。也就是说，如果两个比萨都不够这些人吃，那么人就太多了。（当然，不要杠，那些特别能吃的，或者要求不含麦麸的都不在考虑之内。我们只是尽可能让大家理解多少人才合适。）

接下来，选择会议的地点，以及开会的媒介。每个人都会亲自到场吗？每个人都采用远程吗？或者是最复杂但也是最常见的情况，参与者身处不同地点吗？如果你能把每个人都聚集在同一个地方，那再好不过。参与者可以轻松把握你的语气，会议进程也会更流畅，而且不需要处理莫名其妙的技术问题。但如果无法实现，你就应该为会议列出明确的议程，并且表明会议的意图。请参考方框中卡拉提供的内容，获得这个关键步骤的信息。

卡拉的提示："有意图领导"

当我们准备会议内容时，大多数人都会考虑会议开始时会发生什么：我们谈论什么，我们会涉及的要点，以及哪些人会发言。例如：我会在会上讨论我们的预算问题，请朱莉安娜和罗曼发言，并征求上周演讲的反馈。这是我们的议程，制定一个议程当然很重要。但如果准备工作到此为止，那么我们就会错过关键的一步——意图。

把意图看作会议、谈话或活动希望得到的结果。议程列举的是要做的事情，意图就是完成议程之后得到的结果。换句话说，你的议程是实现最终目标的一种手段。到会议结束时，你希望人们采取什么行动？你想为他们带来何种感受？你想让他们了解什么？

面对着自己，把意图清晰地表述出来，这是关键的一步，它可以帮助你明确准备分享的内容，有助于你确定哪些内容可以帮助你实现目标。如果你可以在会议一开始的时候，就让参会者了解你的意图，那么你就能向着你希望的结果迈进，将误解的可能性降到最低，不需要费心解释为什么要紧跟你的议程，从而保持既定的程序。

一旦会议开始，你就要坚持自己制定的指导方针。如果由你主持会议，那就要提前到达会场。确保会议准时开始、准时结束。这一点无须多言。但只要你参加过会议——无论在什么地方、和谁开会——你都知道我们现在提到这一点绝不是废话。正如卡拉前面提到的，你应该尽早地、清楚地阐述你的意图，并尽你最大的努力让会议按照符合你意图的议程进行。

如果在会议期间你需要做展示或使用幻灯片，在演讲中就要考虑如何将幻灯片穿插进来、站在会议室的哪个位置、如何分发材料。如果你要使用印刷材料，那么就需要一个可供你操作的媒介，确保你的听众能够看到你的材料（保证他们看到的资料和你讲述的内容同步）。尽量少做笔记，笔记过多会让人们觉得你过分依赖材料。上述这些可以帮助你吸引坐在你面前的听众群体。我的一位同事分享说，有一次她忘记了自己材料上的内容，结果她做了一生中最好的一次演讲。当抛开剧本的时候，她和在场的其他人有了更多的对话。当然要尽量减少技术问题的出现，在到达会场之前，务必将材料复印件备份在 U 盘或者邮箱里。

你提供的材料应该简单明了，并能在每一页幻灯片出现的时候给出直接的引导，让听众可以跟随你的思路，自己记录重要信息，也可以用荧光笔或者便利贴强调重要内容，或者在需要听众进行思考的地方留出空白。我第一次从事销售工作是在上研究生的时候，那是向广告商推销一种大学生用的带日历的办公桌垫。我的导师告诉我，如果我提供这种日历的"迷你模型"，然后向潜在的广告商报价，他们中的大多数人会在我发言过程中写下价格。在他们会后看会议记录的时候，自己的笔迹会让他们记忆得更持久。

一般来说，每一位参会人员都会有一份会议资料，介于此，我的资料尽可能涵盖每一个人都需要看到的内容，至少是演示过程需要的部分。我曾为荷兰合作银行培训高管，他们当时在加利福尼亚州进行为期三周的实况调查，高层领导者要求他们在此期间时时报告自己的情况。他们不是一人用一张小地图，而是在会议桌的中央摊开一张 AAA 公司的大地图，每次沟通的时候就会在上面做标记，记录他们旅行中的每一次停留。我那些搞建筑、做房地产开发的客户也经常使用楼层平面图，当他们审阅建筑设计计划的时候也会用到许多透明的便笺纸，这样一来，决策者就可以描绘出他们在下一个阶段希望看到的结果。

非语言交流专家同样认为，如果其他人坐着的时候，你是站立的，那么你就会获得某种权力。所以在正式做演讲或者传递会议议程的时候，你需要明确自己是否选择站立的姿势，等到了现场问答阶段，或者深入探讨的时候再选择坐下来。如果感觉这样很尴尬，有点格格不入，那么可以考虑缩短保持站姿的时间。比如，站在表述白板或者屏幕前，指明某些重要的信息，然后保持站立姿势，与听众就你刚刚阐述的内容进行一些讨论。

你在会议时坐的位置也不应该是随意的。如果你是会议主持人，请选择在决策者旁边或接近他的角落里。佛蒙特大学的马克·纳普（Mark Knapp）做过一项研究，这一研究揭示了：如果你与决策者坐在桌子的同一边，就会更容易达成协议；相反，如果是相对的位置，则可能产生对立的观点（想象一下两人对弈）。尽量选择一个可以和会议中大多数人进行眼神交流的位置。在长长的会议室里，要尽量坐在会议桌的尽头，这可以让你很容易地看到房间里的大多数人（并且要避免坐在类似"网球比赛观众席"的位置上，因为如果那样的话，每次有人从桌子的另一端说话，你都不得不像追着球一样地来回转头）。你选择的这个位置，要能够尽量减少你和观众之间的障碍。如果是在一个平时办公或者经常开会的地方，你可以很清楚地了解哪个位置便于你进行非言语的交流；如果是在一个不熟悉的地方，你需要快速做出判断，选择一个最佳位置；如果你是和一个团队一起做展示，要让说话最多的人先进入房间挑选位置。

如果你计划向听众分发路演的幻灯片资料，那么尽可能晚点发。分发之前请花些时间表明你的意图和会议议程，和听众聊聊他们来这里参加这次会议的目的。一旦他们拿到演讲稿，注意力可能就不在你身上了。所以，你最初和听众的交流，可以引导他们关注材料中某些可以引起他们兴趣的内容。

作为一名主持人，你还应考虑如何平衡房间里的声音。通常，会议会成为外向者的主场。因此，可以寻找机会鼓励那些不太主动的人表达自己的想法。你可以在会议中安排一些环节，让参会人员安静地思考，或是到白板上分享想法，又或是写下想要表达的信息。那些不说话的人可能会给出非常有价值的补充。想想用什么方法，把他们也带入到讨论中，不仅仅是单纯地把他们拉到聚光灯下，而是让他们真的感觉自己为会议做出了贡献，并且引以为傲。

卡拉的提示："关于插嘴"

冒着打断这一章节思路的风险，让我们花点时间来讨论一下会议上总是会出现、令人不胜其烦的事情：插嘴——打断他人的讲话。我的客户经常问我如何打断别人讲话，或如何在会议中找到说话的机会，以及如何防止别人打断自己说话。只要你表现得足够恭敬，还是有一些很好的方法可供尝试的。

• 声音：从你的声音出现在房间的那一刻起，确保你的声音有力坚定，音量"适中"（音量不要过低，会显得犹豫不决；也不要过高，会显得粗鲁野蛮），开口直接说出你要说的话，不要使用口头语或者导入性的词汇。和口头语比起来，具体的内容可以更有效地吸引别人的注意力，还要配合上你的语调以及用词。你还可以使用提纲，来表明计划分享多少信息。如果你要表达两点信息，那就直接说吧。如果小组讨论时打断和被打断已经成为影响会议进行的问题，那么你也可以使用一些话术明确"需要完成的意图"，比如："在我们展开讨论之前，我必须要说明两点。"

• 身体：说话时使用身体的动作传递信号。我建议我的学员轻微移动身体，远离或者靠近桌子，以吸引别人的眼球，让自己获得说话的机会。我会在接下来的内容里探讨线上会议，如果参会人员身处异地，那么你可以用笔轻敲电脑，让屏幕另一边的注意力重新回到你身上，这与线下会议中移动身体达到的效果是一样的。

虚拟会议

虚拟会议是一套独特的体系，它既是挑战，也是机遇。从好的方面来说，虚拟会议可以有效地将沟通进行到最后一分钟；还提供了一个低成本方案，避免因会议旅行导致的高昂费用；更可以将原本无法和你合作的领导者拉进你的会议中。迈克尔·雷泽德斯（Michael Rezendes）是《波士顿环球报》的记者，他因曝光天主教会丑闻而获得普利策奖。正是因为有了虚拟会议，我才能将他邀请到我的课堂上，让他向学生讲述自己的经历。我付不起机票，无法让他飞到帕洛阿托，但我们能够找个合适的时间、打个电话、带领学生们看看全新的世界，这很有意义。如今，这项技术越来越成熟——15年前或者5年前不可能的事情，现在都可以轻松办到。虚拟会议提供的好处会越来越多。

当然了，视频会议和电话会议也有不足之处。技术尽管在不断地进步，但也会有让你陷入麻烦的时候，只是通过网络，无论是音频的，还是视频的，人们在虚拟情景下的互动往往会更少，所以很难判断团队的氛围和成员的感受。时区的不同也可能会对虚拟会议的安排造成困难。不过，几次完美的体验就可以让你对这种媒介产生好感，从而利用一切机会使用它，并将其造成的不便最小化。

建议你按照视频会议的标准准备音频会议。这样做给你带来的优势就如同与同事进行了一次视频会议一样，会让你感觉身临其境。我经常回忆起发生在我学生身上的一件事情，他当时正在准备斯坦福大学商学院的入学面试。在准备过程中，他买了一套新西装，订好了机票，并为面试做好了准备。但到了出发的那天，大雪纷飞，航班取消，他来不了了。学校只好重新安排面试，改为音频通话。尽管如此，在电话面试当天早上，他起床洗了个澡，穿上那套新衣服，就好像他是亲自前往参加、或者准备进行视频通话一样，他尽其所能让自己觉得身临其境。面试的结果不用多说，他成为了斯坦福的一员。

如果你不能进行视频通话，那么尽可能为你的音频通话导入一些活力。在沟通过程中，不要使用外放，而是戴上耳机在房间里四处走一走，做出好像你出现在对方面前的姿态。关注你的声音，让其有变化、充满能量和自信，你需要用声音和措辞来弥补视觉缺失造成的影响。

如果你要在通话中分享幻灯片，需要预先想到发送过程中可能出现的变化。简单的幻灯片传播效果会更好，不需要过多的解释，所以请确保删除所有多余的文字和数据。提前检查所有链接，以确保它们可以正常使用。在无法进行面对面沟通、也没有视觉线索来帮助你时，要纠正技术问题是非常困难的。

如果你运气好，能够进行视频连接，请注意画面中的构图，确定你要把自己摆在什么位置。眼睛要看着摄像头，不要待在逆光的位置。在视频通话中，我总是会在电脑显示器后面放一个特殊的灯，来给我的面部补光。如果实在没有，借助电脑显示器的光也是可以的。

　　为了保持你的视频通话引人入胜，且可以达到预期效果，你需要保持会议的活跃度。我喜欢在会议开始时画一张钟表的表盘，每进入一个人，我就在时钟上画一条线，这样我就可以掌握人们加入的顺序（见图 5-1）。当有人发言的时候，我会在他的名字旁边做一个标记，这样我就可以了解哪些人积极参与到了会议当中。用这种方法可以让我很容易看出应该鼓励哪些人更积极地参与进来，或者在安静的时刻点由谁来发表意见。有时我会要求所有参与者"只用三个词"来总结对本次会议的整体感受。这个技巧可以鼓励每个人说话，又避免了拖沓冗长，让事情简单明了，并给会议奠定了协作的氛围。

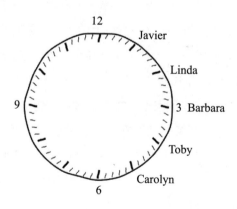

图 5-1　视频会议钟表图，使用标签标明参与者发言时间

　　在进行长时间电话会议时，你需要考虑进行会间休息。而Zoom[①]就是个不错的选择，它可以轻松地完成会间休息：我可以把人们分成几个小组，让他们分别休息几分钟后再投入会议。

不过，你也可以通过其他任何一个免费的视频会议服务软件来进行尝试。你可以为每个分组设置不同的呼叫号码，当需要进行会间休息、做小组讨论的时候，将这些号码分配给参会人员，给每组提供一个讨论的主题，并指示他们在特定的时间切换回主会场号码。

在演讲台上（TED 演讲、LOWKeynotes 项目等）

毫无疑问，TED 已经改变了展示的既定规则。我还记得在 2009 年 2 月，当一个学生问我是否知道 TED 时，我的回答是："Ted？哪个泰德？"第二年也就是 2010 年 2 月，我第一次参加了 TED 会议，2011 年 2 月，我第一次发表 TED 演讲。（你可能会说，我了解 TED 还挺快的嘛！）我对 TED 组织的熟悉程度与 TED 在全球范围内的崛起是同步的。当我刚开始在教学中使用 TED 谈话片段时，大约会有 5% 的学生知道这段参考资料的来源。现在，也许只有 5% 的观众不知道 TED 是什么。与其他任何单一媒体或活动相比，TED 演讲的兴起，以及 TED 演讲风格的确立已经改变了产品发布、主题演讲，甚至是毕业演讲的模式。我经常会听到活动策划者说："我们希望氛围就像 TED 的现场一样"或"我们正在寻找 TED 那样的讲话风格"，TED 已经成为了某种风格的代表：平易近人，富有激情，用真实的故事打动人心。当然也有人会担心，当我们把深奥的思想转化为 12 到 18 分钟的小短片时，我们的"简化"会牺牲很多重要的内容，但我认为 TED 的崛起对全球社会来说更像是一份礼物，而不是一种诅咒。

　　以 TED 的标准判断，我们发现斯坦福大学商学院的学生们有大量的机会发言，但能够表现出高端领导力的演讲却是没有的。所以在 2011 年秋天，我们试图解决这一问题，LOWKeynotes 项目就此诞生。在斯坦福大学商学院，我们的座右铭是"改变生活，改变组织，改变世界。"我们从"生活（Lives）、组织（Organizations）、世界（World）"的角度选择独特的主题，借用了"LOW"这个词来为他们定下基调。在主题讨论中，学生们就他们热衷的话题表达意见，阐述他们希望带来的改变。

　　我们根据两个关键标准选拔参与项目的学员名单：演讲话题或内容的影响力，以及演讲者的能力和技巧。当然，许多候选人在这两个领域都获得了高分。但通常情况下，在辅导环节，我们要做的是帮助学生在其中的一个领域达到"精通"的水准。

　　要想在舞台上取得成功，首先要下功夫处理好的就是内容——观点本身。有了观点之后，继而明确你的理论论据和事实论据，选择相应的论证方法，最后关注发布的方式。我们建议把定稿的时间分成两个部分，第一部分用来思考内容，第二部分用来准备发布。所以，如果你有四周的时间来准备主题演讲，尽量在两周内把内容部分完成，这样你就可以专心筹备如何发布演讲，让它一鸣惊人。

　　说到发表，我们鼓励学生首先熟悉发布演讲的场地。像 TED 这类展示的风险会更高，所以不要让环境成为困扰你的因素——尤其是当你可以提前熟悉它的时候。我们会敦促学生进行实地彩排、练习主题演讲，鼓励他们思考如何利用舞台展现自己的优势。为了完全把控舞台，他们要考虑移动身体的时机、手势的幅度，以及是否需要更大胆些、表现出更多的自信。我们要求他们思考如何利用视觉因素为演讲增添效果：在视觉沟通的 5 个核心环节中，他们打算使用哪几种方法？用了这些方法能够达到什么样的效果？这些要素应该在演讲的什么地方使用？即使是你的衣着也同样重要。这么多年了，总有这样的事情发生，学生们站在大教室的白板前，当身后一片白时，如果他们再穿件白色的上衣，那么他们在视频中出现的时候，就会只剩下一个漂浮的头。尝试穿着可以给你带来自信并充满动感的衣服，它不仅应该衬托你的话题、迎合你的听众（例如，你是绝对不会穿着燕尾服去以休闲为特色的硅谷做演讲！），它还应该适合你身处的环境。

几乎没有人初登舞台就能阐述出专家级的观点内容、发挥出专家级的演讲水平，但要首先把注意力放在所要表达的观点上，然后再留出足够的时间打磨你的展示技巧，这通常可以产生影响他人的效果。

共同展示

如果个人单独展示是走钢丝，那么和团队协作来进行共同展示就像是走钢丝的时候再表演杂耍。你不仅需要专注于自己的语言、声音和视觉元素，还需留意你的队友，思考如何完成你负责的部分，如何与他们配合，如何与他们负责的部分衔接，如何构成一个整体。

在开头和结尾处，展现出强有力的一面

无论是第一印象还是最终印象，我们只有一次机会，所以

在演讲的开始和结束时，一定要展现出我们作为演讲者的强大存在。这当然不是说在中间环节可以掉以轻心，事实上演讲者总是会面对一些挑战，其中一项就是在听众分心的时候，把他们的注意力拉回来。那些排在第二、第三、第四位发言的人，最终会成为专家，专门详细地讲解方案的细节，而强调开头和结尾的人才是通才型管理者。所以，如果你的团队中有某一专业领域的专家，就把他们安排在演讲的中间环节，这对他们或许才是最理想的位置。

过渡自然，编排流畅，以观众为中心

让我们想想火车，它在两节车厢的连接点上用车钩连结，有了车钩，车厢就被一节一节地连起来了。在转换内容的时候，你可以考虑相同的方式：前面表述的内容，需要和下一个要表述的内容自然衔接。比如，前一位发言者可以提出一个问题，由下一位发言者来回答。又比如，前一个人进行了成本分析，接下来发言者说的第一句话就可以是："成本是我们决策的核心，收益也是如此。"——然后开始讨论收益。

毫无疑问，你也一定见过类似下列这些过渡的陷阱：

1.像主持人一样的介绍。

施拉姆："现在，卡拉会和你讨论定价问题。"

卡拉："谢谢。让我和大家谈谈定价的问题。"

2.把刚刚说过的话原封不动地重复一遍。

3.没有任何过渡。施拉姆停止说话、坐下，卡拉起立、然后发言——像一条船漂浮在漆黑的夜里，走哪算哪。

请你不要选择上面的方式，我们鼓励每个发言者在下一位

队友上台之前，保持在原地不要动，直到下一个队友上台。总
要有个人在舞台中央主导一切，在发言者甲走下舞台之前，发
言者乙就应该走上来接管舞台的主导地位。发言者乙甚至可以
在走上舞台的过程中就开口发言，然后停在发言者甲的身前，
新上来的人应该更接近观众，此时刚刚的发言者甲则从发言者
乙的身后慢慢地退出舞台。

对词彩排

如果一个团队希望对彼此的发言内容了如指掌，知道每一
位成员会说什么、什么时候开始、到哪里结束，那么他们就可
以使用表演专业中人们所说的对词的方法进行排练。发言者甲
说出第一句和最后一句，然后发言者乙也做同样的事情，直到
每个人都发过言。仅用 30 ～ 60 秒的时间，你的整个团队就可
以完成一个演练，这可以增强团队的凝聚力以及每个人对演讲
过程的清晰感。

回答提问

在 20 世纪 90 年代中期，我作为志愿者参加波士顿讲演团。
我们有一个经典的环节，叫作"一小时问答"，前面的 45 分钟
由我们这些论题发起者发言，后面的 15 分钟由听众提问。随着
时间的推移，我们发现，当我们减少发言内容、增加提问时间时，
参与者对我们的评估会更积极（坦率地说，也更有趣）。于是，
我们把 45 分钟 /15 分钟的问答环节的比例，调整为 30/30，甚至
是 15/45，听众似乎越来越喜欢了。我记得有一次，我们甚至把

比例调整为 5/55，本质上就是"你想知道什么？问吧"，事实证明它非常成功。

在我开始教授领导力沟通之前的很长一段时间，这段经验就让我学到了问题的重要性，问题的确非常重要。我们不应该害怕演讲结束时的问题（即便是演讲过程中，有着最勇敢灵魂的我们，也不应该害怕听众提出的问题）。事实上，我们应该欢迎这些问题。听众向我们提问，就意味着我们已经给他们带来启迪，我们应鼓励他们参与其中，提出自己的问题，并尝试说出自己的想法。

然而，我见识过很多个人和团队在演讲的提问部分崩溃了，一次又一次。我与领导者们分享的关于提问的课程，基本分为两个大的领域——

- 基本技巧：预留时间，环节设置，视觉暗示，重述问题。
- 重构技巧：需要回答极具挑战性的问题时，请从听众的角度出发。

基本技巧：预留时间，环节设置，视觉暗示，重述问题

让我们从基本技巧开始。留下提问的时间。说到要做到。不要告诉我们你因为把提问环节放在最后，结果却在表述过程中过于冗长，导致没有时间兑现这一环节。务必留下提问的时间！

团队展示时尤为如此，我通常认为"问答环节"就像团队的"最后一位发言者"一样，省去鼓掌的时间，直接进入问答部分。最好的方法是综合阐述一下之前展示的主要信息，然后直接切换到问答环节，而不是："今天的展示到此结束，还有什么问题吗？"这感觉就像时速 60 英里的车突然急刹、静止不动了一样。

不要这样做，而应该是借助展示部分的惯性，自然而然地开始提问部分。

如果你使用幻灯片，请仔细考虑在"问答环节"搭配什么样的投影图像。通常，这张幻灯片出现的时间，比其他任何一张幻灯片出现的时间都长，所以要重视它。如果你没有找到合适的幻灯片，可以选择打开一张空白页，在没有投影的情况下回答提问。

最后，尽量养成重复问题的习惯。这很简单，只要你把问题的答案变成一句完整的陈述就可以了。比如："你是什么时候完成这个项目的？"不要回答："1997年"，而是回答："我们在1997年完成了这个项目"。虽然看起来这只是简单地改变了你的表述方法，但重复的行为让听众相信你真的听到了他们提出的问题，同时也让那些一开始没有听到问题的人了解你在回答什么。特别是面对新闻媒体进行发言时，结合环境在特定的场合，要做到表述清晰、准确，保证听众不要曲解了你的回答，就像你希望他们了解的一样。

重构技巧：需要回答极具挑战性的问题时，请从听众的角度出发

在更高级别的层面上，提问环节经常需要你仔细聆听问题、重新解读它、重新组织框架，然后再进行回答。

我们的同事斯蒂芬妮·索勒（Stephanie Soler）为我们提供了"应答问题必备步骤"模型（见表5-1），帮助我们更好地了解这个技巧。

表 5-1　回答问题的三要素

	可选择的行为	心态
聆听	走向提问者 保持眼神接触 点头 回答前做停顿 重复问题 通过提问明确问题	好奇
确认	思考：你说的是不是…… 支持：听起来真的很难…… 同意：我们都赞同…… 感谢：感谢你的提问……	共情
重构	整体：让我们回到刚刚…… 权衡：我们看看其他的选择…… 深入：我听到的问题背后是…… 观点：我的想法是……	客观

　　斯蒂芬妮说当我们在会议或演讲中回答一个问题时，有三个重要的步骤。每一步都对应一种特殊的心态，领导者可能会发现正确的心态有助于他们完成问答环节。首先，领导者不仅要聆听问题，还要带着好奇心听，寻找问题的根源。只是听到问题、做出回答，这很简单，但这是个不好的习惯，请尽量避免。相反，应尽可能主动聆听。这或许就能用到表 5-1 中列举的一些行为，比如点头、向提问者移动、以及简单地重述问题。这些方法可以帮助你进一步明确这个问题的本质，再次提醒大家保持好奇、不要抗拒。

　　一旦你听清了别人提出的问题，就可以用"共情"的心态来验证这个问题。你一定想要和提问的人建立起某种联系。如果你展示的话题比较复杂，提问的人有不明白的地方又渴望了解，那么你们之间很容易建立这种联系，但如果提问的人直接质疑你的立场，那么就困难了。尽管如此，也不要跳过这一步骤。你不需要将图中所列的行为一一尝试，但至少要选择一种来向提问的人验证他的问题。比如："我能理解你为什么会这么想"或者"我以前也这么看，但我发现……"这都是你可以用来验证的表述方式。

到了这一步，你基本上可以回答这个问题了，但是偶尔在回答之前，你需要尝试重构。重构时应该尽量采用客观的视角，而非敌对。你向听众证明你已经听清楚了问题，也确认过了之后，再给出不同的观点就会容易多了。我总是避免直接说："你提问的前提有问题。"而是说："我看这个问题的方式和你略有不同，我看到了它的核心。"我更喜欢类似这样比较婉转的、平易近人的表述方式。这三个步骤结合相应的心态，就可以让领导者轻松应对听众的提问，少一些正面对抗，多一些心心相通。

通常情况下，我不会举与政治有关的例子，尤其是敏感话题，不过有个例子太生动了，我时常在课上提起。2000 年，希拉里·克林顿（Hillary Clinton）在纽约州竞选美国参议员。她的对手鲁迪·朱利安尼（Rudy Giuliani）因健康原因退出竞选后，希拉里面对的是代表纽约第二选区的国会议员里克·拉齐奥（Rick Lazio）。希拉里是一名支持堕胎的民主党人，而拉齐奥是一名反堕胎的共和党人。在电视辩论阶段，不可避免地出现了与堕胎有关的问题。在有人提出相关问题时，希拉里并没有直接跳出来与对手针锋相对。她首先强调，两位候选人有一件事是可以达成共识的：他们都不希望看到堕胎的发生。然后，她重构了这个问题，进一步指出在经济情况表现良好时，选择堕胎的女性就会减少。堕胎与反堕胎代表着两个党派敌对的立场，而希拉里将这一敏感话题有效地转移到了发展经济、创造就业上面。她关于女性选择权的立场始终不变，却将这个问题引回了其解决的根本途径上面，重构了问题，转向了她真正想要讨论的话题。

如果你对这个话题有浓厚的兴趣，我强烈推荐你阅读杰瑞·魏斯曼（Jerry Weisman）于 2005 年出版的书籍《魏斯曼演讲圣经 2：答的艺术》从中了解更多细节。魏斯曼是硅谷沟通训练方面的先驱人物。他在书中提供了许多了不起的策略，以及构思的框架和范例，教你回答棘手的问题。

如何使用幻灯片

如何有效地设计幻灯片？在开始这一节之前，我必须要承认，在这本关于领导力沟通的书籍中，我们一开始并没有单独设置章节来详述这个部分。因为这是一个很重要的话题，最好把它留给视觉沟通领域的专家去做。我力劝你研读一下南希·杜阿尔特所著的《演说，用幻灯片说服全世界》和科尔·努斯鲍默·纳福利克（Cole Nussbaumer Knaflic）所著的《用数据讲故事》，这两本是关于制作幻灯片的"最佳教材"。在本节中，我们将简要介绍一些关于幻灯片设计的基本技巧，以及有效地将演示文稿与身后的幻灯片结合起来的策略。

首先，务必记住：幻灯片不是演讲！我到纽约大学教书的第一年，记得一个学生来到我的办公室，对她的演讲成绩表达了极度的不满。她向我挥舞着全套的幻灯片，一一列举其精妙之处，详细分析她的演讲应该得到更高分数的原因。我承认她的幻灯片确实是满分的作品，但幻灯片不是演讲，它只是演讲的一个元素。在她平静下来之后，我们开始对话，就表述方式、演讲内容、听众互动、问题处理等方面进行了更为深入的分析。这些元素才是她与听众沟通的核心，需要她投入更多的关注。她陷入了一个常见的陷阱，即认为幻灯片就是演讲的全部。

我们经常告诉学生："在进行大型演讲的前一天晚上，你最好多睡一个小时，而不是用这一小时修改幻灯片。"会议往往要求发言人在演讲前的几天甚至几周就锁定并且提交演讲稿，虽然作为演讲者，我很抵触这条规定，但是这样做是很有意义的。我还没有在课堂上对学生做出这项要求，不过应该很快就会进行尝试。这样一来，演讲者会在最后的几个小时把注意力集中在演讲的发布，而非内容上——本应如此。

当教授如何设计幻灯片时，我会向领导者们强调幻灯片的五个要点。

（1）**简单原则，有斯坦福大学的范儿（Keep It Simple, Stanford，KISS）**。我经常指着苹果的包装和广告，告诉学生这是最理想的标杆。苹果有效地利用白色的背景，很大程度上避免了杂乱。那么你在设计幻灯片的时候，也要像苹果公司一样，让它尽量简单，只包括重要的内容，避免杂乱。科尔称之为"减少受众的认知负荷"。

（2）**每张幻灯片只传递一条消息**。为了进一步保持简单的视觉效果，确保每张幻灯片只涵盖一条信息。将复杂的信息分解成一系列的幻灯片，以确保每条消息之间不会有竞争。

（3）**使用强势动词作为标题**。幻灯片的黄金地段就是标题，要好好利用它的重要价值。标题通常是向听众传达信息的最佳场所。要创建一个生动且引人入胜的演示文稿，可以在幻灯片上使用附录 A 中提供的强势词汇。

（4）有策略地使用动画。当你引导听众进行对话时，动画可能会帮助你逐行揭示一些信息。要避免疯狂地使用 PowerPoint 和 Keynote 提供的所有动画选择（谁真的是来看一行字转着圈一点一点地放大出现在我们面前的？），但不要因此就不好意思使用幻灯片上的动画，只要是有目的、经过深思熟虑的动画就可以。

（5）精心挑选问答环节的幻灯片。问答环节的幻灯片呈现的时间或许比其他任何一张幻灯片出现的时间都长。你可以从使用过的幻灯片中挑选出一张特别重要、或者特别有趣的图表，也可以重复你的论题，加上你的联系方式。如果实在选不出什么好的图，那就使用空白页。千万不要在屏幕上打一个大大的问号，站在那个问号下面让你看起来像个表情包——这绝不是你想让听众看到的效果。

当你使用投影出的幻灯片进行演讲时，还需要考虑使用下列这些最佳措施，来帮助你顺利地进行演讲。

（1）提前告知。保持主导地位，在呈现下一张幻灯片之前告诉观众：接下来的幻灯片要说什么。幻灯片应该跟着你的演讲走，而不是你跟着幻灯片的内容进行演讲。

（2）学会快捷方式。所有可以制作幻灯片的软件和应用都包含一些简单的快捷方式。例如，点击键盘上的"B"键会让屏幕变为黑色，或者"W"键会让屏幕变为白色。第二次按下该键将直接返回到你正在投影的幻灯片。先选中希望呈现的幻灯片，然后点"回车"，你就可以轻松开始了。（有一次在一个研讨会上，我只是因为这个简单的技巧就得到了听众的掌声！）

（3）丢掉激光笔（除非你是对着一群猫演讲）。即使你的翻页笔上面有激光功能，可以打出一个红色的小点点，也千万不要用它，因为那是个坑。在小房间里，只需走到屏幕前，用手指出你想要强调的图像，再转身回到听众面前，继续谈论这个要点就可以了。在较大的或有多个屏幕的空间中，使用颜色或阴影来强调要点，别用激光笔。

本章节介绍了如何在演讲中展现领导力，但只是浅尝辄止，因为我们极力希望你们可以从专业的人士那里获得专业的知识。如果想要了解更多内容，请登录我们的网站查询，并购买本章中推荐的书籍。

译者注：

① Zoom：是一款多人手机云视频会议软件，为用户提供兼备高清视频会议与移动网络会议功能的免费云视频通话服务。用户可通过手机、平板电脑、PC 与工作伙伴进行多人视频及语音通话、屏幕分享、会议预约管理等商务沟通。

第六章　根据身份定位调整沟通策略 ☰

我们个人的身份定位不仅仅是沟通的附属品，它也预示了我们的独特视角、领导风格和预期目标。作为领导者，我们对自己的身份深以为然，在沟通中会自然而然地流露出领导力方面的某些特质，但在沟通中，为了最有效地传递重要的想法和观点，我们往往需要把自己身上的某些固有特质与当时的实际情况结合起来。（例如，了解我的人都知道我对咖啡的热爱，可它很少出现在我的演讲中。）

在本章中，我们会探讨一些与身份有关的专题，比如：你作为外来者无法使用母语领导团队的时候；你是一名女性领导者，或者需要以女性身份领导的时候；你拥有丰富经验或你经验为零的时候。即便你不属于上述的任何一种情况，我们也极力建议你好好阅读这部分的内容。读完你就会发现，我们提供的某些最佳案例，也可以服务于你的沟通，但更为重要的是，我们希望这些案例可以拓宽你的视角，让你见识更多富有挑战性的沟通，或许在未来的某一天，你自己、你的同事和学生可能也会遇到类似的情况。根据我们沟通时所处的环境，始终需要考虑身份定位，所以像我们一直强调的那样，从一开始就尝试下列的建议，这会帮助你在领导下属的过程中，根据所处的环境对个人身份进行定位。

使用你的第二（或第三，或第四）语言领导团队

世界日益全球化，你可能会发现，我们经常需要使用非母语演讲、对话、谈判、写作、学习或是工作。当你无法使用自己的语言领导下属时，重点是牢记：你的身份定位——包括口音、传统、价值观——才是领导力的核心，当然前提是不能影响沟通的清晰度。学生们会问我，他们是不是应该尽量消除或者改变口音，我明确地回答没必要。口音也是你讲述的故事的一部分，它告诉人们你是如何一步步走到今天、经历了什么才能拥有如此卓越的领导力，也向你的合作伙伴提供了有用的背景信息，你应当明确你的国际化身份，并告诉人们你以此为豪。

面对使用不同语言的当地人，或许你希望以不同的方式展现自己的领导力，之所以会这样想，唯一的理由就是你担心其他人无法理解你的想法。关键是清晰——确保你可以用团队使用的主导语言表述清楚并被人们理解。

如果你需要书面表达，那就请一位专业的写作老师，他可以帮助你更清晰地了解哪些词读起来显得很蠢、哪些篇章结构看起来很蹩脚。文案编辑——给文章改错的人——无法像写作老师那样帮助你提高自身的写作能力。专业老师会帮着你改文章的第一段，然后让你自己尝试改第二段，引导你思考为什么这么改，并且指导你一遍一遍地练习，最终让你在没有老师帮助的情况下清晰地完成书面表达。

有时在演示时，你可能会发现，在幻灯片上有个词，你感觉自己读不准，那么你可以添加一些额外的词或内容帮助你解释说明。例如，"火烈鸟"这个音对你来说太难了，那么就可以考虑添加一张火烈鸟的图片，或者只是简单的文字来帮助观众理解。

卡拉的提示："希望他人更快地理解，那就放慢你的语速"

讲话的时候放慢你的语速，对你的听众和你自己都有好处。我把这条建议给所有的领导者，无论你们是否使用母语交流。放慢说话的速度不仅可以帮助你更好地斟酌讲话的内容，让内容更加准确、有的放矢，还可以给你时间让你的发音更加清晰，有助于听众理解你的每一个词。

最佳的练习方法就是用极慢的速度，大声地朗读句子。慢到什么程度呢，就是在字和字之间有闭上嘴巴的时间。比如说："我、建、议、增、加、这、个、项、目、的、工、作、人、员。"我知道这练起来有点尴尬，但是这种夸张的发音练习有助于建立肌肉记忆，帮助你把这些词读得更准确。当你加快到正常语速时，也要时刻提醒自己要"慢"。通过这种异常的"慢"练习，你会适应自己建立起来的新节奏。

通过练习你会发现，放慢演讲的速度还可以帮助你减少口头语，更仔细地选择你的用词，进一步展现你的领导力——无论你说的哪种语言。

作为一名女性领导

在最近的战略沟通课上，一个小组给我交上来这样一份期末展示。他们选择的演讲主题是"演讲的开场环节"。第一位登台演讲的是伊拉娜——一名一年级的学生，她的表达技能尤为突出，但她装成极为不擅长的样子，做了开场白。她的同伴山姆在大约 30 秒后打断了她的讲话："哇，哇，哇，伊拉娜，停！现在就给我停下来。你不能这样开始我们的演讲，结果肯定不是你想要的，这太粗糙了。演讲的开场白可是最重要的部分。你为什么不坐下来，看看我们怎么做，让我们来教教你演讲正确的开场方式。"她的同伴们依次发言，按照他们设计好的内容，向所有人展示完美开场应该是什么样子，7 分钟之后，她重新走上前，做了一个精彩的开场（意料之中）。这种"错误方式 / 中途打断 / 传授重点 / 正确方式"的构建，在期末展示中非常常见，因为这是一种非常好玩又轻松的方法，既可以吸引班级的注意力，又能说明关键点，还可以示范最终的效果。

事实上，当山姆打断时，伊拉娜的表现堪称完美。她是一名强壮的学生，但她表现得像"惊弓之鸟"一样，很有戏剧效果，这让展示变得更好玩、更随性。

但当我阅读学生们的反馈的时候，意识到了更重要的一点。班上的几位女性学生质疑："找一位男性打断一位女性的发言，然后告诉她怎么做才是对的"，这在斯坦福有必要吗？我甚至没有把"打断"当回事，也没有考虑过对所发生的事情的解释，但反馈让人们看到许多女性领导者日常面对的种种，这往往是对女性友善的男性同事（比如我）都不能感受到的。

如今，女性们已经勇敢地站出来，反对发生在自己身上的性侵行为，比如"我也是（#MeToo）"运动①，以及"到此为止（#TimesUp）"运动②。我很高兴我的学生对这些情况有了更强的意识，更高兴的是，他们把这种意识传递给我和他们的同龄人，这样我们都可以从对话中受益。在这个特殊的案例中，伊拉娜或山姆都不是故意贬低女性的天赋和贡献。展示也可以简单地换成伊拉娜打断山姆，这并不会影响演讲的内容。但是，我很高兴看到他们最初的安排，因为这样一来，我更深刻地体会到了沟通中与性别有关的偏见，哪怕是那些微妙的、甚至是无意识的偏见。

一些读者可能会问，为什么我——白人、男性、婴儿潮时代③出生的一位学者，要写这样一个话题。这是因为我看到了我自己和其他人，为了掌握沟通并达到"精通"的水平，都需要寻找一种不同的方式。我当时就意识到我在这个领域没有专业知识，但我知道可以去哪里找到它。当我开始和同事艾莉森·克鲁格（Allison Kluger）一同教学的时候，我才真正考虑到和女性或男性分别进行交流时的区别。她敦促我为班上的女性增加一个学习项目，由她来教授这方面的内容。多年来，有一些男性也要求上这门课，她也会允许他们来听，不过他们要给出令人信服的理由，比如："我的下属中不乏女性，我深知她们会从我的学习中收益。"或者"在妻子面前，我想成为更好的丈夫、更深入地了解她所面临的挑战。"

还有一位一起授课的老师名叫斯蒂芬妮·索莱尔（Stephanie Soler），她在斯坦福大学商学院任教的那段时间也参与了这个话题。我非常感谢斯蒂芬妮分享了约翰·内芬格（John Neffinger）

和马修·科胡特（Matthew Kohut）的"力量与温暖连续模型"（见图 6-1），帮助我更好地理解了这个内容。此模型收录在他们的著作《令人信服的人》（*Compelling People*）一书中。

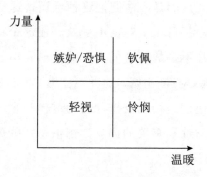

图 6-1　力量 / 温暖 连续模型

资料来源：令人信服的人 [M]. 企鹅出版集团，2013.

作者认为，我们所有人在工作中都表现出互相融合的两种特质：力量（strength）和温暖（warmth）。随着我们的技能越来越熟练，在这两个数轴上的值也会越来越高，我们就越能得到听众的钦佩。内芬格和科胡特的工作，基于三位心理学家卡迪（Amy J. C. Cuddy）、菲斯克（Susan Fiske）和格利克（Peter Glick）的早期研究，提供了一个有用的分类法，帮助我们了解这些概念。这是一个连续的过程，从一端的"温暖"开始延伸，激发另一端的"力量"。然而，和女性领导者一起工作时，我的体会更为深刻。我强烈建议女性试着读懂她们的听众，并根据了解到的情况，投入更多的"温暖"或者"力量"。

1993 年发生了一件事情，让我至今记忆犹新，这个例子生动地展示了这条理论是如何与实际相结合的。当时希拉里·克林顿是第一夫人，同时也是负责医疗改革的领导人。她被安排出席参议院听证会时，必须与主要是由男性构成的参议院进行面对面的交流。她做了充足的准备，把所有数据烂熟于心，逐一回答他们质询的每一个问题。但是在休息期间，她没有拿着塑料泡沫杯子去喝咖啡，而是泡了一小壶茶。她心无旁骛地浸泡着茶包，接过随行人员递过来的茶杯，茶杯小巧，比泡沫杯子精致的多，而后静静地享受着手中的香茗。一瞬间，从力量到温暖，转换得行云流水。

我是一名女性领袖的倡导者，是她们坚实的盟友，不过我也只能做到这一步了。艾莉森凭借她多年的电视制片人的经验，以及如今身为大学讲师的身份，可以直接、坦诚地为学生提供更多的服务。她的工作始于凯蒂·凯（Katy Kay）和凯莱尔·希普曼（Claire Shipman）的伟大研究——关于女性在职业中如何规避风险。他们描述了男性总是大胆地申请工作或晋升，即使他们的资质远远不够，而女性不太可能会这样做，除非她们认为自己100%的合格。艾莉森补充说："作为女性，我们最大的障碍就是第一步，我们必须选择迈出去，然后再去找结果。"她认为，第一步是让女性领导者相信，她们必须申请这些职位和机会，即使她们觉得自己没有100%的资质。其实，她们的能力可能远远超出职位的需要！然后，艾莉森又提供了一系列建议，让女性能够更有效地沟通。她已经同意我在本书中给出其中的几点。

（1）**观察地形**。艾莉森认为，女性的直觉似乎比男性更强，所以，考虑一下自己的强项。留意特定的场合、参与的人群、讨论的问题，利用你对"地形"的了解，给会议导航。

（2）**减少道歉**。女性常常会下意识地道歉。不要以道歉的方式开始或结束一段谈话。要对自己的错误负责，但不要矫枉过正。

（3）**接受赞美**。艾莉森用一段著名的视频剪辑让我们牢记，不敢接受他人的赞美导致的后果有多糟糕，这会让自己陷入自我诋毁的困境。[你可以搜索艾米·舒默（Amy Schumer）以及"赞美"了解更多内容。] 接受来自他人的赞美，并做出回应，你会拥有自己的力量。

（4）**使用幽默**。通常，化解僵局最温暖的方法就是幽默。艾莉森给出一些参考话术，比如你可以说："约翰，嗯，这听起来真的很好，和我十分钟之前说过的一样"，也提醒人们你做出的努力。

（5）**应对打断**。研究表明，男性打断女性说话的情况，会高于女性打断男性说话的情况。做好准备，在可能的时候预防它的出现，当别人真的打断你时，温和而坚定地回敬回去。（幽默在这里也可以有所帮助。）关于其他的一些策略，请参见前文"卡拉的提示，关于'插嘴'"的内容。

（6）**语气肯定**。女性在说话时，要避免使用类似"也许"、"大概"和"有点"这样的修饰语，这可以让你的语气更加肯定。艾莉森指出，发言果断比模棱两可强得多。

（7）**寻找导师**。虽然许多公司和行业对于领导能力高的进步女性还有一些负面的印象，但是在当今社会，和过去相比，有了更多优秀的榜样人物。因此寻找这样一位领导者——她的风格为你所仰慕，她的成功为你所钦佩。安排时间，请她以正式的或非正式的方式，指导你的职业发展。

（8）**思考迭代**。只有当我们努力从每一次新的经验中获得成长时，才能不断提高自身的技能。就像我们的目标"精通"一样，完美永远不会实现，但如果抓住关键的领导力沟通机会，事后及时进行反思和自我批评，那么你就可以逐渐变得更好。思考此次沟通中哪些地方做得很好，以及下次沟通中哪些地方可以做得更好。专注于你开始时、你结束时、以及你接下来要做的事情，慢慢地，你的影响力就会越来越大。

除了上述策略，艾莉森和斯蒂芬妮都提醒学生们牢记出场时的基本原则。最重要的是，不要做任何干扰信息传递的事情：减少一切身体上的小动作，什么整整衣服啊、理理头发啊，不要一副坐立不安的样子。用最简单的动作强调信息的重点：干净利落的手势动作、直截了当的眼神交流、条理分明的问题回答、以及简明扼要的内容总结，然后自然顺畅地过渡到下一环节。所有这些要求同样适用于男性和女性，但是，没有理由的，职场对于女性的要求始终会更严苛一些。

最后，我再讲一个故事，进一步说明我对于这个主题的思考。曾有一个学年，我减少了在斯坦福大学的教学工作，接受了哥伦比亚大学的邀请，我的职责是领导他们在旧金山金融区处理西海岸的事务。一天晚上，我需要去哥伦比亚大学位于旧金山的办公地点，为一个高级别的校友活动做介绍。但是，那天晚上我和丈夫没有找到保姆照顾孩子，所以我把当时只有六个月大的约书亚带到了办公室。我给他穿了件蓝色的印有哥伦比亚大学标识的连体衣。他是个小可爱，人们看到我把他带在身边，都喜欢得不得了。可是，当我要做简报的时候，他开始哭闹了。我的同事用尽浑身解数，都无法让他停止哭泣。所以我只能把他抱在怀里，用为人父母才知道的方式让他安静下来，我就这么抱着他走回众人面前，继续我的介绍。我最多说了五分钟，然后把这个夜晚交给了校友会的其他领导。我始终没有在众人面前提到我怀里的婴儿，也没有为他的存在而道歉，我只是履行了自己在那晚承诺要做的事情。后来，一位当地女性领导者告诉我，我做的事情，她这辈子也做不到。

"做什么？"我问："带着孩子去上班吗？"

她说："不，是坦坦荡荡地带着孩子上班，不因为他的存在而不停地道歉。"

我从来没有想过这种差异。在这次交流之后，我回忆了那晚的经历，意识到和女性同事相比，我得到了众人更多的理解，他们对我要慷慨的多。遗憾的是，这种双重标准仍然存在。只要双标还存在一天，我就庆幸有像斯蒂芬妮和艾莉森这样专业的同事，能够贡献她们的智慧，帮助女性直面在领导过程中遇到的特有挑战。

作为一名新人领导

我的学生毕业后，就会开启他们全新的"后商学院时代"职业生涯，于是他们会回来分享再次成为"新手"的经历。传统观点告诉我们，要迅速完成职业生涯的新手阶段、尽快成长，才能出类拔萃、受人尊重。

如今，我要颠覆这条传统智慧，请相信，作为新手可以独占先机，其优势超乎你的想象，所以，新手们，逮住一切机会，好好利用这一点。你刚刚入职新岗位的几周代表着蜜月期，公司对你求贤若渴，现在他们已经把你请来了。记住，此时的你还没有对周围的一切了如指掌，这是你的机会。养成问问题的习惯，再寻找一位特别渴望帮助你的导师。我记得我有个朋友，在他们一家共进晚餐的时候，父母不会问老掉牙的问题："你今天都做什么了？"而是问："你今天都问了什么问题啊？"把问问题刻入你的思维模式里，在新的环境中，你可以尽快建立广泛的人脉，了解更多信息。

把这个时间段看作是一个机会，养成全新的好习惯。开始一份新工作的时候，养成一些新的习惯（比如每天处理收件箱，或者在午餐时练习瑜伽），这有别于新年计划——新年计划年年定，然后，就没有然后了，在每周工作中建立起来的具体行为，慢慢就变成了新的习惯。希思兄弟（Chip and Dan Heath）所写的《转换》（*Switch*）是一本了不起的书，它指导人们在个人生活和职业生涯停滞不前的时候做出惊人的改变。

请参考下列策略，来帮助你利用新人优势。

需要盟友吗？那就提前发展他们

我的同事史蒂夫·梅拉斯（Steve Mellas）经常说："要想从罐子里拿出饼干来，你得先把它们放进去。"通过帮助他人建立起人脉，了解他们的需求和批优先处理④，把自己工作完成的同时，帮助他们完成目标。

手足无措吗？那就承认我很困惑

人们都会遇到棘手的问题，一时间不知道怎么回答，许多新的管理者会试图否认或回避。虽然表现出强势很重要，但是作为新人，他们可以向那些在这里工作很长时间的人问各种问题，这些问题可能是老员工不敢问，或者根本没有想到的。

尴尬出丑了？那就从中吸取教训

我们都有这样的时刻：意识到自己犯了一个巨大的错误，像个傻瓜，旁人还将一切尽收眼底。梅拉斯和我称此为"畏缩的时刻"，而珍茨和墨菲将这叫作"'哦，不'时刻"（他们真正想用的词其实与污物有关，不过没有哪家出版社的编辑会允许他们这么写！）。如果我们不停下来，从错误中吸取教训，我们就会一错再错。所以"畏缩的时刻"是最好的老师，不要错过。

想当初如何？那是应该少提起的

我们都遇到过这样一种人，他们说话前必然加上一句："想当初，在我原来的那家公司，我们是这样做的。"尽管新公司聘用你，是基于你过去的经验，不过要想清楚什么时候提及过去的学校或公司的名字才合适，以及提及的频率。只有在特定场合才可以这样做，比如在你要进行相关比较或者有重要的经验需要分享的时候，否则会被人们解读为在新环境中缺乏安全感的防御性代偿。

想法不一样？那未必是人家错了

费用支出报告的排版和之前的公司不同，或者庆祝退休的方式和之前的公司不同，单凭这一点，并不意味着新公司的做法是错误的：他们只是不同而已。不要动不动就把"新的"定义为"坏的"。有时，你可能是对的，但是你要做到少说话、多观察、勤思考，这样做才能帮助你不断建立良好的人际关系，不断接受新的思想，进而充分融入你的新团队。

作为一名退役军人领导者

　　每年我都会为一个特殊群体——退役（或者准备的退役）的军官提供服务，我很喜欢他们。我的父亲在第二次世界大战中获得了铜星奖章，我的姐姐也是一名军官（现在已经退役，做起了全职太太，是位了不起的母亲），这让我有了得天独厚的优势，来为这个群体的领导者提供适合他们的课程内容。2014年夏天，我第一次接触这类人群，为他们定制专属课程。这批退伍军人差不多都是"9·11事件"之后进入军队服役的，我当时并不是很明白为什么我们要为他们安排这套特殊的暑期课程。后来，我逐渐了解到，他们不擅长把军队里特有的表述方式转换成普通民众可以理解的话语，同时也面对着各种负面的刻板印象以及偏见，这些事情构成了不利因素，让他们无法在职场中取得成功。这个群体非常优秀，无论男女都是非常杰出的，从一开始接触我就喜欢上了他们，并且非常喜欢给他们上课。（我知道，我知道，就像为人父母一样，我们不应该偏心，但这些人真的是我的最爱！）事实上，我的同事贝瑟妮·科茨（Bethany Coates）也非常喜欢他们，以至于辞去斯坦福大学的职位，成立了一家社会投资公司——突破线（Break Line），致力于为退役军人提供教育和支持，帮助他们转型，以开启离开军队后的职业生涯。

　　我需要澄清一点：我们一起做的工作不是去补救，因为这些人已经非常优秀了，他们有能力、有技术，任何一家公司有了他们的加入都会从中受益。我们的工作只是为他们提供各种各样的方法，帮助他们用普通民众可以理解的方式把自己的能力展现出来。遗憾的是，美国退伍军人管理局将这个退役后的技能项目命名为"职业康复"，退役军人奥黛丽·亚当斯（Audrey Adams）指出，这个术语在其他领域被定义为"令功能、心理、发育、认知和情感存在障碍、缺陷、以及残疾的人能够克服各种障碍，获得、坚持或重返工作岗位或其他行业的过程。"这种观点始终认为他们存在"缺陷"，这根本不是我从他们这个特殊群体身上感受到的。只不过许多退役军人还沉浸在军队的传统里，例如军人的谦逊、战友的情结，他们确实需要一些指导，来帮助他们处理、应对求职和日常生活的细微差别。

虽然我相信你手中的这本书可以对退伍军人有帮助，但我还是为这一人群制定了具体的沟通策略，以确保他们在职业转型中取得成功。

寻找契合点

对于一个没有过军旅生涯（或没有接触过退役军人）的潜在雇主来说，他们并不善于做伯乐，将退役军人的技能转换为企业可以利用的优势。但退役军人自己必能快速、敏锐地寻找契合点。人们常说，退役军人的"职业机会不应该仅仅限于国防承包商"。事实上，我想说得更明确一些，除了国防以外，还有更多的领域需要你们的技能。

突显自我

和我一起合作的退役军人们不仅才华横溢，还始终保持着军人特有的谦卑。在我开始和他们接触之前，我并不知道这种品质对于有着军旅生涯的他们有多么重要。在军队里，"国家至上，无私奉献"，不再强调自我。正如领导者查尔斯·凯斯林（Charles Cathlin）告诉我的："无论是海军、陆军或是空军，每个士兵在接到命令之后，都必须通力合作，时刻准备着进入战斗，或者接替领导地位。无论你是什么背景、信仰什么，都要融入军队中，将个人得失荣辱抛诸脑后，这是军队的文化。这和我们提倡的个人主义、个性化发展几乎是个对立面。"

所以，尽管在重返职场时突显自我很重要，但我强烈建议这类人群要避免矫枉过正，将谦卑变成了傲慢，这对他们不会有任何帮助。相反，我建议他们明确了解自己独特的天赋和能力，不要害羞，大胆地在简历和领英上详细描述自己的优势，在与未来老板对话时，用讲故事的方式一一呈现自己的才能。我惊讶地发现，搜集这些素材最好的地方就是他们过去的绩效评估。针对私营企业，我不知道是否给过这个建议；从过去的绩效评估中寻找材料，实现自我提升，或许也会有用吧，但在军队，这个方法绝对有效。这些文件往往细致入微地记录他们在执行任务时起到的特殊作用，以及给整个团队带来的具体影响。凯斯琳提醒我们，如果你打算从绩效评估中选择一段摘录进简历，那么应该"避免使用军事术语，尽量让你的表达适用于你所寻求的职位"。

减少首字母缩写和军事术语

很多领域的人都喜欢用缩写，但和军队没法比；作为一个外行，听这些在部队里工作的领导者随心所欲地使用军事术语和首字母缩写交流时，简直就像在听另一种语言。如果求职的时候没完没了地使用 TLA 这类表述，不仅令无军事背景的普通民众感到困惑，而且还可能暗示申请者不擅长与他人建立良好的关系。（明白我的意思了吗？ TLA——three-letter acronym——是指"三个字母的缩写"，但必须阅读这个括号的解释才能明白我的意思，是不是很烦人？）在我给学生们提出这条建议的时候，我讲了我姐姐的故事，在从军旅生涯过渡到学术领域的时候，她才意识到，自己使用缩写的频率几乎到了丧心病狂的地步。她后来在位于诺曼的俄克拉荷马大学担任 ROTC（预备役军官训练营）的教员，她一直期待着这个职位，但是当她看到新名片上的名字和头衔时，整个人都不好了：凯西·施拉姆上尉，PMS。PMS 此处是指军事科学教授（Professor of Military Science，PMS），同时也表示经前期综合征（Premenstral Syndrome）。显然，担任军事科学教授的职务的大多是男性，他们并不反对这个首字母缩写。于是我姐姐创造性地利用了这个机会，用它作为谈资，与学校的学生和同事进行互动。

用积极的事例化解刻板印象

我知道一些雇主潜意识里或多或少都对退役军人存在负面的刻板印象，我感觉没有必要花太多的精力去消除它们，我反而会鼓励退役军人们在简历或面试中自己说出来，通过讲述自己的经历和故事，展现刻板印象积极的一面。例如，我培训过的很多领导者会强调他们从军队里带出来的特质："使命为中心"或者"无私奉献"，并指出正是在部队里接受的训练，让他们具备了这些品质。

退役军人纳撒尼尔·吉尔曼（Nathaniel Gilman）曾和我分享过他的感受，他说："在我服役期间，每天的使命都非常明确：

保护我的人民、保护我的士兵、保护我的阵地。我们每天都在执行高风险的任务，这真的会送命。如今，我的许多朋友感受到退役后的工作和军队里的差异，他们不知道自己的使命是什么、为什么而工作，他们需要处理好这种差异。我也见过一些人，他们非常成功，找到了新工作，因为他们把新的工作当成自己的使命。"

有些人对于聘用退役军人确实存在偏见，但我相信这种偏见在慢慢消退，不过这些有过军旅生涯的领导者还是会遇到一些依旧存有偏见的公司或个人不愿意接受他们。在这种情况下，我只能建议：如果你尽最大努力，还是无法克服这种偏见，那么就另谋高就；坦率地说，优秀如你，他们不配拥有。那么接下来，就是我的下一项建议。

寻找适合你的

我认为，找工作就像找对象：双方都要对彼此感到满意。今天的面试不仅仅是为了找一份工作，而是要确定你能不能融入这个组织。在大型企业里，可能会有退役军人专有的 ERG（职工协会，看，地方部门也使用了很多的 TLA），你可以寻求他们的帮助，确定自己是否适合在这里工作。如果没有，我会强烈建议你坦诚相待，直接询问工作时间、团队与个人的关注点、晋升策略和日常文化。虽然使用像领英或玻璃门（Glassdoor）这样的工具很棒，但没有什么比直接与你的同事和主管交谈更好的了。因为彼此契合至关重要，所以不要犹豫，在这个地方花些时间。机不可失时不再来，要知道再要求一次面试的机会是非常不切实际的。

回想自己的职业生涯，当我在旧金山的工作完成以后，卡普兰教育中心曾经考虑过让我内部转岗。对我来说选择很多，但最后有两个选择需要我做决定：丹佛和波士顿。这两个职位的报酬大致相同。丹佛对全职员工的监管力度更高一些，而波士顿更关注学术并且对兼职教师的监管力度更高一些。接下来，丹佛的地区总监在芝加哥面试了我，但没有让我和未来要领导的团队见面，相反，波士顿的地区总监罗伯·沃尔德隆（Rob Waldron）带着我，让我在做决定之前参加了几次员工活动。于是，我轻松地做了决定。我必须评估我与这个职位的适合程度，但我无法从侧面或是在网站上做到这一点。我必须和需要沟通的每一个人进行具体的对话。波士顿满足了我的需要。

谈判，争取配得上你价值的薪水

虽然我没有直接教授过谈判课程，但我强烈建议我那些当领导者的学生们在上这门课的时候，好好听听老师都讲了些什么。这门课程至关重要。正如美国海军军官奥黛丽·亚当斯（Audrey Adams）所说的，我们在求职的时候，经常听到这样的"怂恿"：遇到第一个吻你的女孩，就娶回家吧。军队里工资制度清晰明确，军队里的人按照规定拿钱就好了，所以，他们第一次遇到谈薪的时候，往往不知所措。如果最高报价远远低于自己的心理价位，他们很难打破原有的模式，不知道怎么协商以要求对方给出更高的薪水。

此外，一些雇主可能会故意压低退役军人的薪水，因为他们知道退役军人有退休福利。这在职场是不道德的，就像你给一名男性涨薪，不是因为他的工作，而是因为他有"妻子和孩子"

要养活。不过，这种情况经常出现。已经看清自己价值和能力的退役军人必须做好心理准备，自信满满地与申请的公司进行一轮或两轮的谈判。我们未来的收入在很大程度上是由当前的收入决定的。回归平凡世界的第一份薪水至关重要，为这份薪水而进行的谈判亦是如此。

随时调整

尽管如此，我还要提醒我们的老兵们显而易见的一点：你可能还需要进行挑战，在某些情况下，甚至是彻底重来。下面这条建议我给新人领导者也提过，在这个章节，这条建议同样有效：最重要的是，请相信"不同只是不同，无所谓好坏"。如果一名退役的军人进入了新的工作地点，对周围普通民众的一切评头论足，那么他接下来的日子一定举步维艰，和他相处的人也不会好过。此外，如果退役老兵没完没了地说着："想当初在部队里"或者更糟糕的"我最后服役的地方"，那么他其实是在告诉他的同事们他已经老了。我邀请退役军人们通过记录的方式，总结他们所看到的部队与地方的差异，并从中学习处理差异的方法。寻找一个组织（也可以是你的配偶），和他们分享你的感悟，这个方法非常有用。可以是专门帮助其成员平稳度过渡期的正式组织，也可以是你与曾经的朋友组成的非正式小组。重要的是，这个组织小组不是让你用来倒苦水的，而是要采取具体的行动。必要的时候问个问题："那么，接下来呢？"这句话非常有用。解读一下就是："好的，我知道了，谢谢，但是要怎么办呢？"

纳撒尼尔·吉尔曼（Nathaniel Gilman）分享了他的经历，他最终无法忍受工作节奏上的差异。他说："这是我决定自己创业和做咨询顾问的主要原因之一。我需要自己安排自己的时间，我想要清晨早起开始工作，有必要的时候就加班，做这一切的时候，我不想被其他的同事指指点点。还有，没有工作要做的时候，我也非常讨厌"摸鱼"的职场小把戏。如果没有工作要做，你也应该去做点其他的事情，不论是给自己提升，还是为公司服务。"不出所料，他将指导服务的经验应用到文书管理当中，和其他人一起合伙建立了海军士兵文书服务机构（Mariner Credential Service），为海军士兵提供服务，通过云端搜索许可证和专业发展的方法，简化复杂的文书提交过程。

如果你发现经过反思、调整过后仍然不太舒心，那么就试着跳出来，思考还可以做些什么来建立自己的职业道路。

译者注：

① "我也是（#MeToo）"运动：是女星艾丽莎·米兰诺（Alyssa Milano）等人 2017 年 10 月针对美国金牌制作人哈维·韦恩斯坦（Harvey Weinstein）性侵多名女星丑闻发起的运动，呼吁所有曾遭受性侵犯女性挺身而出说出惨痛经历，并在社交媒体贴文附上标签，借此唤起社会关注。

② "到此为止（#TimesUp）"运动：是一场由好莱坞艺人于 2018 年 1 月 1 日成立的反性侵犯活动，并与温斯坦效应和"我也是（#MeToo）运动"相呼应。截至 2018 年 2 月，活动已筹得 2 000 万美金法律辩护基金，并聚集了超过 200 位的志愿律师。

③ 婴儿潮时代：美国著名的"二战"后婴儿潮时代。指"二战"结束后，1946 年初至 1964 年底出生的人，人数大约有 7 800 万。这一批人赶上了 20 世纪 70 年代至 90 年代美国的经济繁荣，他们中的许多人在青年、中年时期投资房地产或股票，是中产阶级的主体。

④ 批优先处理：多个需要同时优先处理的事项。

第三部分

领导力的飞跃：
沟通的培训过程

　　在斯坦福大学期间，我有幸与数百名培训师以及职场领导者一起工作。有些人每年会花一两天的时间为我们的学生上课，有些人会在这里工作一个季度，有些人则是全职的。我很清楚，你不能仅仅通过阅读一本书来提高你的沟通技巧，这就像学游泳，坐在看台上可学不会。（或者更糟，在图书馆里！）正如我们前面多次提到的，想要让自己的沟通达到"精通"的水准，需要在每一次沟通中不断地进步、越来越好，讲话和写作都是如此。如果没有培训师的辅导，你的坏习惯只会越来越难改，当关键的时刻真正到来时，需要你走向台前，成为一名具有更大影响力的领导者，但你却发现你说的话没有几个人记得。临床心理学家梅格·杰伊（Meg Jay）在 2013 年的 TED 演讲中告诉千禧一代："在步入婚姻殿堂之前，你就该未雨绸缪了。"正如她所说，我相信开始提高领导沟通能力的最好时机是在你领导一家大型企业之前。我教过的学生会给我打电话说："上您课的时候，我真应该专心听讲，现在我真的需要您的帮助。"每到这种时候我就害怕。但如果教过的学生说："我要带领一个新的团队，届时我想请您或者您同事里的培训师亲临指导。"我就会感到很高兴。

　　这本书的前两部分讲述了大量与沟通有关的模型、课程和技巧，来帮助你迈向"精通"的境界。而本部分旨在让你将知识转化为可操作的步骤，直接提高你的讲话和写作水平，还帮助你获得讲述事物的技巧、以及与同事和学员沟通的技能。首先，我们讨论如何接受培训，然后学习如何培训他人，最后思考如何创造一种接受沟通培训的文化。

第七章　接受培训时 ☰

　　经常有人问我们，培训取得巨大成功的要素是什么。每一类培训的内容都有所不同，但所有成功的培训都有一个共同点，那就是要积极、投入地参与其中。在本章中，我们提供了一些方法，可以将参与度最大化，从而有效地帮助你实现参与沟通培训的目的。方法如下：确立目标，挑选培训师，并采纳培训的思维模式。

确立目标

　　先确立目标，还是先挑选培训师，卡拉和我就前两个元素的顺序进行了辩论，但最终还是决定从设定目标开始。在你聘请培训师之前，必须知道你想要实现什么，当然，开始和培训师合作之后，你可以根据情况，不断完善之前设立的目标。

　　或许阅读这本书是你需要迈出的第一步；和之前相比，现在的你或许可以更清晰地看到自己未来的发展方向。在阅读本书前两部分时，你可能会回忆起某些不好的经历，如坠冰窖，这是好事，会帮助你为接下来想做的工作确定一个更好的起点。

在讨论退役军人领导力的时候，我建议你看看最近的绩效评估，这也可能帮助你找到需要改进的地方。

你当然也可以询问同事和主管，但要小心这个方法。大多数情况下，我们会听到："哦，你很好，别担心了。我希望我也能写得像你一样好。"这话听着可能感觉不错，但如果你想以此为跳板，让自己有所改进，那么我们无法从中获得任何有价值的东西。又或者你得到了反馈——一张长长的清单记录着所有需要你提高的技能，看着像极了书籍的目录，弄得你不知从何做起，这也根本不是你想要的。寻找值得信赖的导师或同伴，轻松地聊一聊，寻找启发，提升你的沟通能力。可以结合每一个新的起点确立目标，比如新的工作、新的预算周期，但不要等到需要你展现沟通能力的时候，才去考虑这件事情。

自 2007 年秋季以来，斯坦福大学所有的 MBA 新生都配有一名专业的沟通学老师作为培训师来给他们指导，辅助他们完成第一季度的写作、演讲以及课堂讨论，这是整整一个季度的陪伴。斯坦福大学商学院投入了大量的精力，这充分说明我们重视领导者清晰地进行口头表达与书面表达的能力。这一特殊辅导到现在已经超过 12 年了，据我所知，还没有其他商学院能够跟上我们的脚步。在与培训师的第一次见面时，我们要求学生们提出一些目标。虽然培训师会给学生一些建议辅助他们思考，但学生们自己的目标设定才是最重要的：这不仅为参与培训指明了方向，还为他们提供了重要的动机和自主权，鼓励他们将所学应用到工作中。

但当你考虑确立培训目标的时候，记住要让你的目标保持一定的灵活性。斯坦福大学的资深培训师大卫·施韦德（David

Schweidel）经常说："训练一位领导者就像烹饪一道有思想的菜肴，你要处理原始食材，再把处理好的成品端出来，等待世人的检验，这一切都是关于如何建设性地提出不同意见。这个意见还不能夹杂个人主观因素，你觉得最好的，未必就是最好的：态度要坚决，方法要温和。我试图让人们尽可能表明自己的立场，越强势越好，然后完全敞开自己的心扉，自愿聆听、思考所有的反驳，做出相应的调整。对一些学生来说，这是一个巨大的飞跃，可以帮助他们解决不同的问题。"

本着这种精神，我敦促领导者在培训前制定一些具体目标——一般是三个。然后他们就可以根据这些目标，开始寻找培训师了，但不要像大卫所描述的那样，过于依赖这位培训师。培训师开始辅导以后，你会发现，培训师对摆在你面前的挑战有着不同的理解，他们比你更清楚该如何处理这些问题，这个时候，你的目标可能会发生改变。

挑选培训师

事实上你们大多数人不像斯坦福大学商学院的学生，那么幸运，没人分配培训师给你们，我们坦白地说，你需要自己辨别、挑选一位培训师。在某些大都市，你可以利用网络资源，来寻找国际商业交流者协会一类的组织，帮助你找到合适的培训师。你还可以联系当地的学院或大学，看看他们是否有兼职教员也做这项工作。你也可以查询培训项目和认证组织的目录，这里就有两家备受尊敬的机构：国际教练联合会（ICF，coachfederation.org）和国际教练协会（IAC，certifiedcoach.org）。然而，重要的是，忠于自己确立的目标，名单上的许多培训师会提供传统的管理培训或生活方面的培训，这多少与你想要获得的沟通技能不太一样。

对我来说，找到合适的培训师的最好方法是通过口碑。询问同事有没有好的推荐，或者看看人力资源办公室是否可以提供培训机构的名录。如果你再大胆一点，可以直接在领英或你公司的Slack[①]上留言。我们会用这种方法搜索育儿方面的建议，那么为什么不使用身边的网络，寻找照顾自己的方法呢？

你找到了一位（或几位）培训师以后，看看能不能先见面沟通一下，不要急着交学费。一些知名度高的培训师可能不会答应免费咨询，但问一下总是无妨的。会面的时候可以把你的目标带去给他看一下，还可以和他讲述一些工作中的例子。如果你有写过的文章，或者是做演讲的短视频，也可以拿去给这位培训师看一下，询问他是否有适合你的培训计划。当你评估回复时，要注意谈话的内容和双方的气场。培训师所提供的建议对你有意义吗？他是否可以为你提供帮助，让你在某一特定的领域有所提高？还有一点同样重要，当你在听到这些建议的时候，你感觉如何？培训师是如何引导你的、是否让你感觉受到尊重？还是你觉得自己一直在受批评？这样的事情会让我们处于弱势，和他学习的过程中，你总是想不明白，他到底能不能激励你、让你做到更好。

我很坦诚地承认，我没有花太多时间在健身房里，看我的照片就知道了。但我清楚地记得，我30多岁的时候可是健身房的常客。我常去波士顿南端的一家健身房，还试着找一位私人教练。一开始我受到诱惑，找了一位外貌极有吸引力的教练（糟糕的策略），但我最终选择了另一位，他非常擅长把握挑战和激励之间的平衡。我需要这两种因素帮助我完成自己设立的目标。有了他的指导，我可以完成很多长距离的自行车训练，甚至是在离开波士顿、离开那家健身房之后的很多年，我还保持着好身材。

最后，找人介绍。有些人和你有着类似的目标，对他们接受的培训也非常满意，那么你可以直接和他们沟通，试着找找他们的培训师。选择一个沟通培训师就像是做投资，只不过是一项长时间投资。尽量确保你的选择是正确的，毕竟你真正使用训练的方法进行沟通、获得反馈，已经是培训结束很久以后的事情了。

采纳培训的思维模式

当你接受写作、演讲或两者结合的指导时，要保持开放的心态，勇于冒险，认真尝试培训师推荐给你的技巧，然后再决定是否使用它们。培训师刚刚给出的策略用起来可能感觉比较生涩、奇怪，甚至有点蠢，最终你可能不会去使用这些策略，但如果不进行尝试，你就永远不会知道什么才是你进步的关键点。举一个体育方面的例子，我们看过很多橄榄球比赛，从来没有在赛场上看到过废弃的旧轮胎。但是，我却知道，每一位教练都会让球员绕着轮胎做训练。那么你培训当中的某些部分，可能就像是"球场上的旧轮胎"。有能力的培训师，会让你去进行一些练习、参加一些活动，这看起来和你最终希望获得的东西没有什么直接的联系，但其实他是在专注于提高你的能力。所以，请相信你的培训师。

正如我们之前提到的，培训是一份礼物，而不是补救。随着你的职业生涯不断发展，在组织中的地位越来越高，你或许希望能够遇到形形色色的培训师。再次借鉴体育领域的例子：与业余的运动员相比，专业运动员会有各种不同的教练。小威廉姆斯（Serena Williams）不仅有击球教练，还有体能教练、营养学家和策略教练。在谷歌，管理类培训被视作是一项福利，是为了吸引有特殊技能的或有潜力的高级领导者而准备的。培训在于挖掘潜力，而不是对不当行为或技能缺失的干预。你也可能认同这种培训的观点。最好的培训是让你借鉴之前的领导力以更上一个台阶，为你提供必要的工具以实现突破。这是一份礼物。

为了获得最好的效果，你需要在培训进行一段时间之后，与培训师之间建立起良好的关系。这段时间可能是几周、几个月甚至几年，这取决于你需要训练的技能。那种亲密的关系可以让培训师发掘你的长处，帮你抓住更多的机会，也让你更加信任你的培训师。黛比·德南伯格（Debbie Denenberg）是我的培训师之一，我们已经认识十多年了，她非常了解我的写作，每次我们合作，她都可以用很少的提示和建议来帮助我进步。

大胆地再次重申一点，重复是培训成功的核心。反馈、实践、再反馈、再实践，这是一个良性循环，让领导者从培训中获得最大的收益。简单地说，你投入的越多，得到的就越多。如果你在一场比赛中只使用过一次速度技术，那么你最多只是停留在意识层面上，尽你最大的努力才完成的。但如果你反复练习，就能不断完善你的技术，实现肌肉记忆。使用这项技术的时候，不需费力去完成，相信自己，无论你做什么都是自己的最佳表现。

第八章　培训他人时 ☰

　　为了给斯坦福大学商学院的学生提供世界级的沟通工具，我们不仅依赖优秀的教师团队，还有一群优秀的培训师。但你并不需要"培训师"这个头衔，也可以为周围的人提供指导，帮助他们找到最适合自己的领导力沟通方式。在本章中，我们将探讨让培训师真正发挥作用的一些行为、态度和工具。

是什么造就了一位伟大的培训师？

　　有些人可能会认为培训师应该从组织外部聘请，但我们认为优秀的领导者也应参与其中，持续不断地亲自培训员工。这就需要领导者区分清楚培训和绩效评估，因为这两种情况下对话的内容、方法都是不同的，领导者需要明确区分培训时使用的对话与绩效评审时使用的对话。这极具挑战性，但优秀的领导者能够成功地做到这一点。要想有效地指导他人，你需要展现出如下品质：

- **耐心**　记住，有些事情在你看来显而易见，但对于你正在培训的人来说未必如此。他们不仅仅是学习掌握一种新的技能，可能还需要将自己先前的沟通方法与新的技能进行一定的磨合。自我、团队动态、压力和其他众多因素都可以帮助你打造轻松的氛围，把握恰当的节奏，让人们接受你的培训。耐心些，根据受训者的不同程度，安排你的培训内容。

● **关注过程而非结果**　一个好的写作培训师会投入更多的精力，提出引导性问题，通过问题帮助学生认识到需要改进的地方，而不是代替学生改文章。劳伦·拉福奇（Lauren LaFauci）是一名培训师，我们在开创沟通课程的那一年就开始合作，她经常提醒我们，在训练写作的时候，"先不要动笔"。相反，她会问一些问题让学生探讨，让写文章的人看看自己的文章，找出那些可以修改的地方。一个好的演讲培训师不是一行行带着纠正发音或者示范演讲细节，而是从演讲者身上激发出最好的品质。专注于过程而非结果，这就意味着，领导者能够在未来重复使用某项技能，通过各种各样的机会，放大培训对他们产生的影响力，而不是局限于一次培训的课程中。专注过程，就是将你的培训价值最大化。

● **灵活性和创造力**　在一次培训的访谈中，有人问了卡拉一个意想不到的问题："你的培训理念是什么？"我和卡拉都有许多关于培训的理念——有很多你现在已经知道了！但在那一刻，她选择了这样一条："制订计划，适时调整"。事实上，这条理念是成功指导他人的核心所在。虽然你应该对参加培训的目的、以及培训课程的方向有清晰的了解，但伟大的培训师会为你做示范，让你心甘情愿地放弃原有计划，处理头脑中第一位的事情。如果一种技巧看起来不太适合，那就尝试另一种，解释观点的时候如果一个方法未能到达目的，可以尝试另辟蹊径。你不需要把自己弄得筋疲力尽，来努力兼顾自己遇到的每一件事情，但是要避免思维僵化，要始终富有创造性，在培训他人时，要始终有选择的余地。

● **关注你培训的人，而非你自己**　我们的同事伯特·阿尔珀(Burt Alper)会提醒我们，对于你所教授的技能，就算自己再擅长，也要给受训者机会来让他们尝试，让他们站在聚光灯下成为主角，这一点非常重要。如果你不让受训的领导者通过实践培养自己的能力，他们就不会有所提高。面对向你求教的领导者，你首先要非常熟悉自己要教授的技能，而且很有必要清晰地向他们展示如何使用你教授的各种模型。讲完之后，退到一边去，让他们自己做练习，怎么做是他们的事情，用什么词也是他们的事情。把权力让渡给他们，让他们自己尝试使用这项新的技能，可以将你的方法与他们自己的方法结合起来，只有这样，这项技能才有真实感，他们才可以用它处理其他问题，并感觉这个技能真的有效。

● **同理心**[①]　最后我们之所以要培训沟通技能，是因为受训者需要学习沟通技能。你不需要我们告诉你生活是复杂的，或者你遇到的每个人都有自己的问题，都有自己的过去，都有独特的视角，这些是你无从知晓的。这种培训中建立起来的关系，只是领导者经历中很小的一个部分。它可能会引发一些问题，比如：涉及身份认同，质疑培训的价值，对目标产生怀疑甚至是恐惧。这就需要你尽可能地激发同理心，认识到培训的过程是个人的，而某个人可能比较敏感。所以，慢下来，仔细倾听，让受训的领导者按照他们自己的方法使用你给的材料。

定义培训师的角色

无论是培训的对象、学员还是同事，当你和他们面对面地坐下来、开始培训的那一刻，他们会对你充满无限的期待。我们已经为一名优秀的培训师建立了人设——极具耐心、不僵化、有创造性、专注于过程、从培训的对象出发、富有同理心。不过，我们还可以定义一下，一位优秀的培训师不应该是什么样子的，这同样有帮助。理想情况下，作为一名培训师，你不应该是编辑、不能代写、不负责提供写作素材、不充当哲学家或心理学家的角色（尽管你可以凭借自己的经验，偶尔涉足这些领域，不过要适可而止）。你应该做的是指导领导者使用新的工具、新的方法和新的技能，让他们可以使用这些技能进行有效的沟通。总的来说，或许你决定自己设定一条特定的终点线，例如，领导者马上要做的主题演讲，或者马上要交的文稿。但你的重点不应该是代替你培训的领导者完成他们的目标，而是让他们掌握技能，并在你的指导下完成自己的工作。

至于与培训相关的事宜，你们之间越早达成一致就越好。多久培训一次？每次多长时间？地点安排在哪里？许多人更喜欢在一个私人的空间进行课程培训，无论是交换专属个人的信息，还是尝试自己不擅长的练习，抑或是排练演讲，在这里都会更容易些。白板可以用来处理我们在这本书中分享的一些框架，或者只是用于头脑风暴。会议的节奏取决于它的可用性和目标，但我们发现隔周一次的会面是比较理想的间隔时间，既给领导者练习新技能的时间，又可以保证每个环节中间的连贯性。对于此类培训，一个小时可能是最佳的时长。虽然我们的一些同事在半小时内就可以完成很多工作，但我们发现一个小时可以保证有足够的时间进行练习和答疑。如果超过一个小时，你可能就会发现注意力开始减弱了。关于地点、间隔或者每节课的时长，无论你做什么安排，务必提前确定下来，使其清晰明了，以便达成共识。

职业工具

说实话，我们的培训工具箱里装满了各种各样的方法，有些是从同事那里学来的，有些是通过自己的经验总结出来的，还有一些是从其他老师和研究者那里搜集来的。在这一章节，我们将建议一而再再而三地精简，最后总结成四种工具：视频反馈、培训练习、培训师的"停车场"和社群。口袋里装着这四种工具，你就可以为他人提供有效的方法，让他们清晰地进行沟通。

视频反馈

有的培训师会录制完视频后马上回放，与受训领导者一起评论。事实上，斯坦福大学商学院的驻校培训师琳达·卡佩罗（Linda Cappello）会每周找一个专门的工作时间，在演播厅里与学生探讨。我一直很喜欢为学生提供视频，然后鼓励他们独

立进行三到四步的评论过程。欧文・申克勒（Irv Schenkler）还
为这个过程建立了一个实用的模型——改编自林恩・罗素（Lynn
Russell）的"优化表达方式"，我经常会把这个模型介绍给学员。

- 第一步：首先看一遍，把所有你"不喜欢"的东西都挑出来。
  我们当中有许多人会觉得看着视频里的自己很不舒服，
  于是，我们就被这些让自己觉得不舒服的东西干扰了。
  所以看第一遍，先把这些产生干扰的细节找出来，比如，
  毛衣好像不太合身，在句子中间咳嗽了几声，或者穿错
  了鞋子。排除了这些，我们继续进入到下一步。

- 第二步：再播放一遍，把画面关掉，只关注你在交流中
  的语言和声音，用词是否准确？内容的顺序安排是否合
  理？以及使用的证据是否服务于你要传递的信息？此外，
  吐字是否清晰？音量是否合适？声音是否富有变化？把
  你注意到的事情一一记录下来。

- 第三步：现在再观看一次视频，把声音关掉，评估一下
  沟通的非语言要素。你如何使用手势？你是站在原地不
  动，还是来回摇摆，或者四处乱走，让人心烦意乱？你
  的幻灯片或道具是为演讲加分还是减分？你是如何与观
  众进行眼神交流的？

- 第四步：现在对于大多数人来说，往往是最困难的一步，
  但是强迫自己完成，从你的演讲和表达方式中，找出你
  喜欢的部分，全部找出来，一个也不要放过。考虑一下
  语言、声音和视觉方面的因素。也许观众大笑、鼓掌、
  或者问问题的时候，都暗示着你们之间产生了共鸣。肢
  体语言、声音质量、对结束时间的把控、与幻灯片互动

的能力，这些方面表现得如何？再观察你的站姿是否僵硬，切换话题是否稳重。将积极的要素快速全面地记录下来，这样你就可以保持自己的优势，继续发挥自己的特长，并在未来更多地使用这些技术。

有一个视频反馈的软件非常好用，名叫 GoReact[②]。我已经开始将它推广到我的课堂上了，同时也推荐给我的私人客户。GoReact 可以兼容任何格式的视频文件，通过一个易于使用的平台进行反馈。视频一旦被加载，我就可以开始对视频中的讲话进行评论。当我感觉到自己需要发表评论的时候，我就可以直接输入，比如："很棒的开场故事，尽量再简洁些"，当我输入的时候，视频就会自动暂停。输完后，只要我敲"回车"，视频就会继续播放。如果你想要这个软件最大限度地发挥它的作用，那么就让你的同伴也使用这个软件，来进行同步反馈，它甚至可以用于直播，在讲话的同时，观众就可以把他们的反馈输入上传。

培训时，我会一边给接受培训的领导者做反馈，一边顺手就把反馈内容记录下来，这样他们就不必在我们谈话时做大量的笔记。我在整个职业生涯中都从事这样的工作，正因如此，几乎每一件我听到的事情都可以在脑海中转换成一张"+/Δ"列表（见表 8-1）。这是我自己随手设计的，只有两栏，分别用加号（+）和希腊字母德尔塔（Δ）表示，加号代表令人满意的地方，德尔塔表示还可以改进的地方。我本人并不喜欢减号（-），因为那似乎代表某些不好的、失败的东西。通过分析谈话中的"优势特长的部分"或"有待改进的部分"或 "+/Δ"，我们始终保持螺旋式的上升和波浪式的前进。表 8-1 是一个典型的例子，我的客户已经同意我与你们分享。

表 8-1　评估用 "+/△" 列表

+ 表现出色	△ 仍需改进
· 引人入胜的开场成功吸引了我们的注意力，让我们有充分的理由继续听下去 · 为准备进行的谈话做足了功课 · 从 Slack 平台获取了更多的信息 · 优先处理对高级领导者重要的内容，让他们了解情况 · 表达清晰、干练，语速快且恰到好处 · 清晰区别高端用户和低端用户 · 引出一个明确的立场声明，可以做后续的辩论阶段使用 · 对提出的问题清晰作答，表明你的可信度，并且知道答案的深度和细微差别 · 通过最终的答案，再次证明你的可信度 · 总的来说，全程保持轻松愉快的语气，即便是在应对棘手问题的时候	· 减少 "我" 的使用，尽量使用 "我们" · 偶尔出现的口头语还好；思考的时候，保持沉默会更好 · 第七章幻灯片内容太多，分出 2 张或者 3 张 · 不明确的地方好像是卡住了……但感觉又像是为了表现幽默感，或者是在进行交流 · 幻灯片 11 上的图像模糊、有颗粒感，如果是我的话，我会修图或者直接删掉 · 问答环节选择一个更霸气的幻灯片，它会持续很长一段时间，理应如此 · 回答前，再次确认问题 · 努力寻找更简洁的答案，这样就可以在规定的时间内回答更多的问题 · 关于山姆分享的参考资料，你的第一个回答可以更积极一点 · 在问答环节结束时进行总结

　　说来有趣，有一次参加婚礼，当有人在做婚礼祝词的时候，我甚至在垫鸡尾酒的餐巾上画了个 "+/△" 表做反馈，还做了好几份，然后分别传到他们手中，让他们知道自己的祝词中哪里做得好，以及在以后的祝词中他们该如何改进，然后我就出名了！我们在前面的章节讨论过综合性表述，它远远优于总结性表述，所以在反馈的时候，少即是多——将反馈添加在短视频中，让受

训领导者可以看到，这才是反馈流程中有价值的部分。

培训练习

关于沟通培训训练方面的内容，我们可以再写一本书（也许有一天我们会写的！），不过在这里，我们只是浅尝辄止，让你初步了解到随着时间的推移，可执行的、可重复的练习是如何让人们掌握新技能的。

- **精简内容，保留精华**。我们的学生经常会感到惊讶，怎么可能用短短几个字就将信息的精华表达出来。卡拉使用过下面这个练习帮助培训对象挑战自我、提炼信息的核心内容：找来一份影评或者书籍简介（你可以在任何一期《纽约客》里找到大量素材），要求接受培训的人认真阅读，然后编辑文章内容，用 100 个字表达出来，继而压缩到 50 字，再压缩到 25 字，最后能不能压缩到 10 个字？学员们会发现，很多形容词、副词、动词短语、以及口头语都是多余的，在传递核心内容的时候，根本不需要它们。这项训练可以提高你的敏感度，让你更留意自己写作中出现的这类词汇。培训的下一步，会让学员使用自己写过的邮件、备忘录或者帖子，重复这项训练。
- **及时叫停，重新开始**。作为培训师，我们的工作就包括在关键时刻给出及时的反馈。指导领导者排练演讲，或者尝试新技能，在你看到需要改进的地方叫停，得到反馈后重新开始，根据需要再次叫停、再次开始。这种方法不仅为领导者提供更多的练习机会，也让他们更加敏锐地捕捉到自己可以进步的地方。

● **眼神交流，举手回应。**我们当中有些人不擅长与他人保持眼神交流，也有一些人不擅长与多人保持眼神交流，诸位可以试试这个练习：请一位学员演讲，而房间里的其他人都把手举起来，只有当演讲者稳定地与听众进行4~7秒的眼神交流后，这名听众才能放下他的手。这个练习有点尴尬，但它强调与观众建立连接的重要性，值得你为之努力。

培训师的"停车场"

你在培训一位领导者的时候很可能会发现，培训的内容被延伸了，你需要涵盖大量的材料，探索各种各样细微的差别。作为培训师，你的工作当然不包括记录、保存这些计划外的要点内容，然而很多领导者会编写、记录下最佳方案、关键信息，还会记录下各种话题，停放在"停车场"里，留待以后再去思考，然后与他人分享，他们认为这很有帮助。在两次培训间的几周时间里，他们就用这份笔记作为参考资料来训练新的技能；在培训结束之后，它就是一份有生命的资料，可以让领导者不断更新自己的工具箱，还可以分享给其他人，让他们从自己的感悟中收益。

> 停车场：如果你以前从未听说过"停车场"一词，我们就来解释一下，它指的是我们在这个地方"停放"未回答的问题、未提及的话题、或未实现的目标，以等待适当的时间再去解决。很多时候，我们会用便利贴记录这些内容，并贴在白板挂纸上，这看起来就像个"停车场"一样。

根据卡拉的经验，她会在对客户进行单独培训的时候做记录，然后发给他们电子版（通过邮件、Quip[③]、谷歌文档或其他方式），其中记录了当天谈话的重点、新的技能、关键信息和最佳方案，还有深化练习的方法，以及一些可以解决"停车场"问题的相关内容。作为一名培训师，使用这份记录可能会帮助你绘制一张清晰的路线图，明确自己带领着接受培训的人进行到了哪个阶段，接下来要向着什么方向前进。当你在培训很多领导者的时候，它还可以帮你清楚地记录自己和不同人之间的对话。尽管不是每一位培训师都愿意花时间为受训者提供这份福利，但是很多人都说，他们在培训结束的多年后依旧使用着这份记录——这是一份回忆，同时也是一份资源，对培训师来说亦是如此。

如果这个想法吸引你，请考虑创建一个模板，你可以用它为你培训的人们提供记录。

人脉

无论你是专业培训师、社区领袖、个人从业者还是学生，人永远都是你作为培训师最大的资本。即使你参加过同一项目，接受过同一组培训师的培训，每个人都会用不同的方法来引导其他人获得新技能。

几年前，我在哥伦比亚大学新成立的旧金山分校教书，那时我想邀请斯坦福大学商学院的培训师团队到这里共进午餐。开始的名单只有十几人，随着我不断回忆自己在斯坦福建立起来的关系网，这份名单越来越长、越来越长。终于，众人齐聚一堂，我请每一位培训师简短地介绍一下自己的专业和经历，同时，也请他们向团队提出一个需求、分享一段经历。他们有人希望他人帮忙推荐，有人询问应对棘手的客户有没有更好的选择，还有人寻找资源、写书的思路、可以尝试的练习，甚至有人请大家为自己的职业发展集思广益。作为回报，他们也要分享自己的专业技能，为一份文件提供专业点评，或者只是请一顿午餐、买杯咖啡，也可以介绍一些客户或者专业团队，等等。大量的资源出现在这个房间里，其多样性和丰富性令我震惊。如果在教室里吃一个小时的沙拉就能取得这样的成效，那么年复一年，通过不断延伸的人际网络，我们又可以获得多少资源呢？

　　你不需要像我这样以这种半正式的方式把你的人脉聚集在一起。只要把你的同龄人和同事看作是学习、成长和获得新鲜想法的来源，你就拥有了一个强大的起点。征求他们的反馈，并给出你的反馈。考虑一下在与他人交换诉求时，你可能需要用到哪些专业知识作为筹码。很多培训是一对一进行的，但最好的培训并不是孤独的。和我们一样，它存在于群体中。

译者注：

① 同理心：亦译为"设身处地地理解""感情移入""神入""共感""共情"。泛指心理换位、将心比心。亦即设身处地地对他人的情绪和情感的认知性的觉知、把握与理解。区别于同情。

② GoReat：教育者用于视频分析的短视频评估软件。

③ Quip：是一款支持团队协作的写作工具，跨平台支持 iPhone、iPad、使用 Android 系统设备和桌面浏览器。

第九章　打造培训文化 ☰

如你所知，到目前为止，真空中不存在伟大的培训关系。有了可以助力成功的文化，再加上我们所做出的努力，我们便可卓尔不群。那么，什么样的文化可以促使培训取得成功呢？我们可以在组织中鼓励完全的坦诚，把希望他人尝试的行为设为榜样，保证从正确的人身上学习正确的培训方法，再将方法应用在真正需要的人身上。在本章中，我们会逐一向你详细介绍打造培训文化的关键要素，并且向你展示如何建立培训关系。

每个人都可以做培训师（但不是每个人都该去做）

几年前，卡拉有幸为一位非常积极主动的客户提供培训。比莉（非真实姓名）是一家大型科技公司的高级董事，她能灵活使用自己在培训课程中学习到的工具，来提升自己的领导力，对此她感到非常高兴，同时，她还将所学传授给自己的团队。每当卡拉和比莉练习新的模型、站姿或是方法时，比莉都会说："我要让我的团队也试试这个！"（这话对于培训师来说，简直就是最美的乐章。当我们培训出来一种心态的时候……爱了，爱了。）所以，比莉会请求卡拉写下"一页纸（One-pager①）"
总结，包括这次课程的练习、技巧、最好的方案，这样一来，
她就可以拿去与团队分享。

卡拉问过比莉，她的时间表安排得非常满，工作节奏也非
常快，她计划从哪里找到时间来培训她的团队，让他们学会"一
页纸"上面的技能。

"哦，他们的节奏也很快。他们能学会的！"比莉说。

既然你已经读到了这里，你就应该知道，即使是最聪明、
最积极的领导者也需要专门的实践、反馈和迭代来掌握一项新
技能。卡拉为比莉提供培训已经很久了，只要比莉有时间，只
要她专门做了准备，她当然可以通过手头已有的材料来培训自
己的团队。但是比莉的日程安排得太满，也不能奢求找出一个
固定的时间专门以培训师的身份与团队成员进一步沟通。作为
团队的管理者，比莉可以告诉他们哪些方面还可以进步，分享
自己在学习过程中获得的感悟，鼓励他们学习新的技巧，共享
获得新技巧的资源，这些都是极为宝贵的。但是他们只是培训
的试用者、补充者和拥护者，本身并不是培训过程的一部分。

最终，卡拉和比莉得出结论，如果比莉想要在自己的团队
中打造一种培训文化，她最应该做的事情就是把自己的经历分
享给众人，身体力行地演示自己学会的新技能，鼓励她的团队
寻找适合自己的培训课程，并为他们提供资源。（她很幸运，
工作的公司同样重视培训，将其视为学习和发展的资本。）比
莉本来可以自己培训团队，但是最终她只是提供平台，尽可能
让团队成员接受更专门的培训，对于她来说，这才是提升团队
技能的最佳方案。

　　清晰地区分技能培训与绩效评估，这对于打造有利于员工培训的企业文化大有裨益。有些领导者心里想说的是："我要就你的工作提出一些反馈意见，"嘴上却说："要不要让我来教教你这件事情该怎么做？"作为领导者，一定要避免这样说话，这点很重要。有效的培训一定要和绩效评估分离开来，培训应该在没有威胁、没有风险的情况下进行。这也解释了为什么大多数情况下，领导者会从组织外部寻找顾问或培训师来培训他们的团队。

　　欣然接受培训，然后与他人分享自己培训后的改变，也是一种有效的培训文化。斯坦福大学开设了专门针对学校高层领导者的培训项目，在乔纳森·莱文（Jonathan D. Levin）接任商学院第十任院长的时候，我有幸为他提供培训服务。起初，为了保护莱文院长的隐私，我对此事守口如瓶。不过，后来了解到他对于接受他人培训的事情非常释然，于是我意识到根本没有必要保密。当然，我也从不会刻意与别人讨论我们培训的内容，但是我非常荣幸能遇到这样的学员，身居高位却如此重视培训，不耻下问。

　　我还清晰地记得，我逼着他在斯坦福大学商学院的讲话中多使用讲故事的技能。他当时和我说："没有什么与商学院有关的故事"，因为他既不是这里的毕业生，在担任院长前也不是这里的教职人员。于是我让他去做故事的收集者，在这里工作的第一年，我让他遇到的每一个人都给对方讲一个与斯坦福大学有关的故事，他按照我说的做了。第二年，他第二次在新生欢迎会上发言，开场就讲了两个有关自己旅行的故事，惟妙惟肖，引人入胜。看到他这么轻松快速地接受了我的培训内容，我真的赞叹不已。不过，他对斯坦福培训文化最大的贡献在于他的开放性，他坦然地分享自己接受培训的事实，以及自己从培训师那里得到的收获。对于接受培训这件事情越坦然，越可以将培训中学到的技能融入你所在的社群里，为成功增添助力。

绝对坦率

我有幸结识了畅销书《绝对坦率》的作者金·斯考特（Kim Scott），当时她正在构思她那本书的基础框架。她有一套独特的反馈方法，我希望每一位领导者都尝试使用一下。在讨论如何培训团队的时候，我们试图总结出培训的精髓到底是什么，而这个框架将其鞭辟入里地反映了出来。斯考特相信可以使用两条相交的轴构成的坐标系作为框架，来进行有效的反馈（见图 9-1），两个坐标轴分别为"个体关怀"和"直接挑战"。我们只有在这两条轴构成的各个维度中都表现出色的时候才能做到绝对的坦率。我理解了她总结的这些维度后，就意识到她的框架同样适用于培训。

学习了斯考特的框架以后，我发现它非常实用，一有机会我就会用到它。接下来，我要分享一个曾经的成功案例。2013 年的时候，我修订了这门课程的教学内容，然后和其他教师一同授课，也是在那时，我开始和伯特·阿尔珀共事，他是天才的演说家，对于学生来说也是不可多得的培训师。但是当时，他却刚刚接触演讲技能方面的培训，之前的职业生涯大部分时间都在品牌的命名和推广方面，把他请到商学院教书的时候，是他第一次踏足这个领域。我注意到每次上课，伯特都会使用

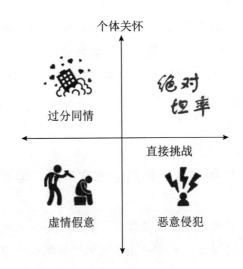

图 9-1　绝对坦率图

资料来源：绝对坦率框架为绝对坦率有限责任公司的注册商标

自嘲的幽默方式做自我介绍。我的推论是，他之所以选择这样做，部分的原因是他在这个领域还算新人，相对而言不那么自信。我处理他的问题时就采用了"关怀"与"直接"双管齐下的方式。我直接告诉他这种自嘲的幽默方式没有什么必要，反而降低了在学生中的可信度。我们一起出谋划策，看有没有其他的选择，他立刻就做出了调整。

如果我与团队互动的时候，头脑始终想着"个体关怀"和"直接挑战"，那么无论是他们给我的反馈，还是他们彼此间的反馈，都可以进行模式化操作。诚然，这是理想的状态，可以激励团队成员。有时候，我们无法按照自己的意图采取挑战模式，也会遇到一些同事让我们感觉无法使用"个体关怀"，毕竟人非圣贤。斯考特的"绝对坦率图"中还有三个不尽人意的维度，我的处理方法也许会不可避免地陷入其中，此时，她的框架会为我提供话术，帮助我看清楚自己身处何地，以及希望达到什么样的目的。通过这门课程，我向很多优秀的作者推荐了这本书籍，但是，更确切地说，金·斯考特的《绝对坦率》是最适合领导者阅读的书籍之一。

我应该更早、更有效地阅读《绝对坦率》

这本书的大部分内容都是关于我在斯坦福大学的经历，但是不包括我同时接受哥伦比亚大学和斯坦福大学的教师任命的那个学年。当时我减少了斯坦福大学商学院的工作，担任起哥伦比亚大学的领导职务，帮助位于旧金山市中心的西海岸校区推广运营。这是极具挑战性的一年，工作中的成功和失败让我更加了解自己的领导风格。

我知道，无论是哥伦比亚大学也好，斯坦福大学也好（甚至是我的丈夫）都不希望我在第二年继续身兼数职。到2019年夏天，我需要做出选择，是继续留在斯坦福大学，还是专心为哥伦比亚大学工作。一周又一周过去，我举棋不定，接下来的一年，我到底应该安顿在哪所大学呢？

最后，到了来年3月，经过多方面因素的综合考虑，我明确了不打算再回哥伦比亚大学了，第二年，我选择离开。于是，我给主管写了一封三页纸的备忘录，告诉他我做出这个决定的原因。我花了好几天才写完这份三页纸的文件，我尽量选择恰当的语气，让内容清晰明了，也希望提供必要的参考和指导，保证我离开之后领导和下属的工作可以更有效地进行。我相信我那时既表达了我的"直接"，也表达了我的"关怀"。

然而，我犯了一个很大的错误。虽然我对同事和下属做到了绝对坦率，但是或许是因为第一次尝试使用绝对坦率的方法与哥伦比亚大学的上级领导沟通，结果并不令人满意。组织当中的每一个人，特别是我的两位主管都不了解我的感受，所以没有人对我的决定做出任何评价，我承受了很多失望的目光。我当初甚至把金·斯考特请到了我们院长主持的进修课上，但我却没有掌握这个框架的精髓，直到下决心离开哥伦比亚大学的时候，我才开始使用她的方法，其实这样做对聘请我去的人来说不甚公平。

直到后来我才明白，真正的绝对坦率不仅仅适用于管理向我做报告的下属，也指导我该如何与平级和上级互动。这不应该只是出现在过渡时期，而是应该贯穿我们的整个领导过程当中。这件事情终将成为遗憾，不过对我来说，它是个深刻的教训，让我进一步精进我的专业。

镜像和建模的最佳实践

经常有人这样问，怎么让奉承看起来最真实？那就是模仿对方的行为。本书已经接近结尾，我希望你拥有了各种各样好的方法，帮助你模式化自己的沟通方式的过程，便于他人模仿、学习。当你开始考虑打造组织的培训文化时，先思考一下自己的人际沟通。无论是言语沟通还是非言语沟通，你给他人提供了哪些建议，来帮助他们表达自己的观点，与他人互动？总有一类沟通风格对你来说是最有效的，不断深化你的风格，你将潜移默化地培训你的团队。

译者注：

① One-pager：中文译为"一页纸"，是一份一页纸构成的文件，用于高度概括一件产品、一项服务或者一宗业务。它们很适合推广业务，或者向采购负责人提供一个产品概要。这就像现代版的宣传册。

尾声　现在，由你掌控 ☰

　　在过去的几天、几周或者几个月里，这本书一直在你手里（希望不是几年），现在本书已接近尾声，接下来的事情也在你的掌控之中，由你决定。我经常告诉那些和我一起学习的领导者们：我们花费的时间就是沉没成本。这些时间已经投资出去，要不回来了。

　　用这样的思路思考一下我们陪伴你度过的这段旅行。你阅读本书的时间已经投资出去了，只有采取行动，你才能收割投资的红利。我希望你至少可以做到：根据在这里获得的知识改变你的沟通方式。再贪心点：我希望你不仅可以通过本书"精通"沟通与写作，还可以激发团队里的其他成员达到相同的水平。我的朋友，红衫资本的詹姆斯·巴克豪斯（James Buckhouse）一聊到讲故事就喜欢说：力量源于再次传播。领导者的力量不是来自于你讲的故事，或者受众听到的故事，而是受众把这个故事再讲给其他人。这一概念适用于领导力沟通的方方面面：重要的不是你做的展示，不是你写的报道，也不是受众从你这里获得的信息，而是受众能够回想起的、愿意讲给别人听的信息。这么多年了，在斯坦福大学商学院我们一直告诉学生，他们作为领导者，沟通的最终目的应当是被听到（或被读到）、被理解、并且被记住。我希望你也可以做到。

以下是一些建议，帮助你更好地使用本书中提供的理念和技巧。

- 从小事做起，徐徐图之。不要试图彻底改变自己的写作和表达方式。首先设定一些可以立即实现的目标，然后在开始取得一些成功后设定更高的目标。

- 把本书当成缓冲区。你不需要尝试我们所建议的一切内容，也不必喜欢所尝试过的每一件东西。就像我们在斯坦福以量身定制的方式培训领导者一样，我们也希望你能根据自己的需求选择性地接受我们提供的内容。

- 反复阅读，温故知新。我们试图提供一个清晰的目录和一个丰富的索引，帮助你轻松找到自己所需要的模式和方法，展开与他人沟通；我希望你在阅读时，直接在书中做批注、划重点。这样你在需要建议的时候，就可以快速找到书中的具体方法。

- 回忆马斯洛提出的学习的四个阶段。慢慢地调整自己，从无意识无能力的学习转变为无意识有能力的学习。

- 与人合作。如果你无法聘请一对一的培训师，那么至少试着与其他人建立问责伙伴①关系，督促你坚持学习和练习沟通技能，努力达到精通的水准。我正在筹划如何建立一个读者圈，与他们一起系统地学习如何使用这本工具书。

我们身边有很多同事，面对的学员也有成千上万，完成这本书的过程中，我们梳理了与他们沟通的方方面面，并且归纳整理。

有些人在很多场合谈及领导力沟通，也在很多平台写过这方面的文章，然后从来没有将其系统地归纳到同一本书中。单凭这一点，就是一件壮举、一大成功。但是只有当斯坦福大学商学院以外的人们相信这本书的理念和内容，并且有效地使用里面的方法开始写作、讲话的时候，才是我们真正的成功。应对挑战的人是你们，我们很期待看到你们学习本书的内容后发生的变化。

一开始，我为这本书定的标题是《走向精通》，但我们睿智的编辑劝说我使用更为便于记忆、更亮眼的名字，尽管如此，我还是希望你们可以记住这一理念。沟通时，我们只是不断接近精通的境界，但是，精益求精。随着每一封邮件、每一次讲话，我们要不断提高、越做越好。这才是精通的真谛。完美是不可能的，但是成长伴随终生。我希望你通过自己独特的方式做到自己的最好，不断接近精通的境界。

注释：

① 问责伙伴：指的是会时常监督并敦促你实现目标的朋友。

附录 A　强势动词 ☰

abandon	allow	assert
放弃	允许	断言
absorb	alter	assess
吸引	改变	评估
abstract	analyze	associate
提取	分析	联系
accelerate	apply	assume
加速	申请；应用	假设
access	appraise	attribute
进入；获得	评估	归因于
accrue	argue	behave
增加 增长	讨论	行为，表现
acknowledge	arrange	believe
承认；感谢	安排	相信
activate	ascend	bisect
激活	上升	平分
add to	assemble	bombard
增加到	装配	抨击

bond

使牢固结合

broaden

（使）扩大影响

calculate

计算

carry

携带

cease

停止

cede

转让

challenge

挑战

characterize

具有……的特点

circulate

循环

clarify

澄清

classify

分类

coalesce

合并

code

编码

collapse

崩溃

collect

收集

color

颜色

combine

联合

compare

比较

compose

构成

conclude

推断出；推论出

condense

凝结

consider

考虑

constrain

约束

construct

建造

construe

理解，领悟

contain

包含

continue

继续

contract

订合同；收缩

contrast

对比

contribute

贡献

converge

集中

convert

转化

create

创造

criticize

批评

crystallize

使……明确

curb

抑制

debate	designate	disperse
讨论	命名	分散
decide	detail	dissect
决定	详细列举	解剖
deduce	deteriorate	disseminate
推断	恶化	散布
define	determine	distinguish
阐明	查明	区分
delineate	devise	distribute
勾画	设计	分发
demonstrate	diagram	divide
证明	用图表示	分开
depict	differentiate	dominate
描绘	区分	在……中占首要地位
deposit	disagree	dramatize
存放，支付	不同意	改编成剧本
derive	discharge	eliminate
起源于	允许……离开	排除
descend	discover	elongate
下降	发现	延长
describe	discuss	emanate
描述	讨论	表现出
design	disintegrate	emit
设计	碎裂	发出

employ	expunge	group
雇用，使用	擦掉	建立小组
encompass	extend	guide
围绕	延长	指南
enrich	extrapolate	halt
充实	推算	停止
estimate	exude	hypothesize
估计	流露	假设
evaluate	fill in	identify
评价	填写	识别
evolve	force	illuminate
逐渐形成演变	强迫	照亮
examine	forecast	illustrate
仔细检查	预报	说明
exchange	form	imply
交换	形成	含有……的意思
exert	formulate	indicate
运用，努力	构想出	表明
experiment	fracture	infer
做实验	折断	推断
explain	fuse	influence
解释	熔化	影响
express	generalize	inform
表达	泛化	通知

insist	join	migrate
坚持	加入……之中	迁移
inspect	judge	minimize
检查	判断	最小化
interact	lag	mix
交流	延迟	混合
interlock	link	model
紧密连接	联系	做……的模型
interpret	list	modify
诠释	列出清单	修饰
introduce	locate	name
引进	找出……的准确位置	为……命名
invade	maintain	narrate
侵入	维持	讲述
inventory	manage	note
开列清单	管理	写下
invert	maximize	observe
使……前后倒置	最大化	观察
investigate	mean	obtain
调查	意思是……	得到
invoke	measure	occur
提及	衡量	发生
isolate	memorize	operate
使隔离	记住	经营

order	postulate	question
命令	假定	提问
organize	practice	quicken
组织	实施	变快
orient	precede	radiate
朝向……	在……之前	辐射
originate	predict	recall
引起	预言	召回
overlap	prepare	reclaim
重叠	准备	开拓
overlie	present	recognize
置于……上面	呈现	认出
pattern	preview	reconstruct
构成图案	预习	重建
penetrate	produce	record
穿透	引起	记录
permeate	propel	regroup
弥漫	推进	重新组合
plan	propose	reiterate
制订计划	提议	重申
plunge	prove	relate
插入	证明	涉及
point out	provide	remove
指出……	提供	删除

rename	reveal	sinter
给……重新取名	揭示	烧结
render	review	sketch
提供	评审	概述
reorganize	rotate	slow
改组	旋转	减缓
repeat	rupture	slove
重复	断裂	解决
repel	saturate	specify
击退	饱和	指定
report	scatter	speculate
报告	撒播	推测
represent	schedule	state
代表	安排	阐明
require	separate	streamline
需要	分开	使……成流线型
restate	set forth	substitute
重申	起程	用……代替
restore	set up	subtract
归还	建立	减去
restrict	show	suggest
限制	表明	建议
result	simplify	synthesize
导致	使简化	综合

summarize	take apart	trend
总结	参与	趋向
superimpose	terminate	uncover
添加	结束	揭开盖子
superpose	test	underlie
放在上面	试验	躺下
support	think	use
支持	想	用
surmount	transect	vary
战胜	横断	变化
surround	transfer	verify
围绕	使转移	核实
symbolize	translate	yield
象征	翻译	产生
synthesize	transmit	
综合	传输	
systematize	traverse	
使系统化	穿过	

附录 B　关于高品质备忘录的备忘录① 三

至：斯坦福大学商学院策略沟通学 315 期全体学生
自：施拉姆教授
日期：2020 年 2 月 20 日
回复：写作指导：一份关于高品质备忘录的备忘录

　　我们非常期待看到你们就"马克的选择"这一问题对管理层提出的谨慎建议。为了帮助你们修改好这份备忘录（以及将来更多的备忘录），我们想在商务写作方面为你们提供进一步的指导，然后会在剩余的沟通课上把注意力集中在言语沟通方面。通过将这份建议的格式调整为真正意义上的备忘录，我们会提供一个模板，同时也阐明商务写作的关键内容，帮助你们在未来高效地完成有说服力的文件编写工作。通过将备忘录的写作模式化，我们希望可以为商务文件中的关键信息提供写作模板，使之表述更为清晰，从而让你们的写作更为有效、更有说服力。你们可以将所有这些内容应用到各类文体中，例如信件、电子邮件、报告和提案等。我们先来解释一些用于评估备忘录的术语：

- 风格和格式

- 技术与语法

- 内容与分析

此外，我们还提供了有关微软 Word 可读性统计数据的信息，以及如何使用这些信息来帮助你们提高写作水平。

设置一种强大又不失标准化的商务备忘录格式

在进行商务写作时，不要试图简单地满足我们的个人偏好，而是要学习和理解标准的商务写作风格应该是什么样子。老板们通常会对公司有特殊的预期，了解预期背后对个人的要求是什么，并且完成它。以下是我们为本课程提供的高品质备忘录的标准：

- 单行间距

- 段落之间使用双倍行距，无缩进

- 左侧对齐文本（不要使用两端对齐）

- 使用衬线字体[②]（字号选择 11 号或 12 号）

- 使用标题指导读者

- 介绍、中间段落、结论

- 出现三个或三个以上要点时，请使用项目符号

- 表明过程或强调先后次序时，请使用带数字的项目符号

多年来，我们一直在批改点评学生们的备忘录，所以我们发现了一些我们认为值得补充或强调的风格和要素。

（1）当文本内容密集时，请使用衬线字体；可以在标题或子标题使用无衬线字体，但不要在正文文本使用。

（2）使用左侧对齐（也和本书中使用的一样），不要使用两端对齐，因为这种格式会使用连字符来将一个完整的词拆开；

人们在阅读商务备忘录时，已经习惯右边不对齐的情况了。

（3）在完整段落前避免使用项目符号，因为它没有起到强调的作用，无法表明你要强调的项目内容；所以，在没有标点符号的短语前使用项目符号。

（4）不要在每一个段落前都添加标题（或者副标题）；这样做会破坏文章的连贯性，还会让读者感到你好像是在他们面前大喊大叫一样。

（5）相对于标题的下方，上方要留出更大的空间。标题不应该在上下两个部分正中间的位置上"漂浮"着，而应该更接近它所引出的段落。

正确使用语法

设置规范格式的时候，请避免错别字或语法错误，这一点至关重要，因为这些错误可能会损害你们的可信度。请务必仔细检查文件（有时还可以请他人帮忙检查）。避免拼写错误的单词，但也要避免混淆常见的同义词。

在课堂上，我们讨论得出最有效的商务写作应该是：

● **主动的**：避免含糊其辞，避免被动表述。

● **简要的**：三个词能说明白的事情，为什么要用四个词呢？

● **清晰的**：表述清晰，避免误会。

从表述技巧的三个方面，即主动、简要、清晰，不断地磨炼你的技能，按照这个方向，培养你的写作能力和技巧。特别要注意被动表述，对于许多学生来说，这似乎都是一个不小的挑战。从用词的生动性方面考虑这种表述方法，如果你的写作中充斥着大量的"被"字，那么你的被动表述就用的太多了。

组织文章内容，使之具有说服力

风格和技巧很重要，但内容依然是王道，这一点毋庸置疑。提前了解你们的沟通对象，写作时，头脑中要明确自己的写作意图，将其渗透入字里行间，使文章具有说服力。以下是相关的建议和要求：

便于查找：如果提出有关组织变革的建议，那么请使用项目符号将建议部分标出，以示强调。

便于执行：在给出建议时，使用表达明确的动词祈使句，这样一来，就好像为读者提供了一份"菜谱"，让他们可以轻松选择，提高执行力。

在写这篇文章之前，我们回顾了一下学生们以往所写的备忘录，发现许多学生对读者的要求是笼统的或含糊的。整篇备忘录都是建议，你们想要读者看了之后就接受，什么事情都这么写。就拿求职的备忘录来举例，如果你是公司人事，重新读读自己写的内容，你会雇自己吗？

通过使用微软 Word 可读性工具获得指导

按照微软 Word 中的说明激活此工具，它会生成可读性统计信息。

我们建议你们在进行商务写作时，设置下列几项内容：

● 每段句子数量：5 句以内

- 每句用词数量：17 词以内
- 每词字母数量：5 个以内（平均）
- 被动表述数量：小于 10%
- 可读性分数④：高于 40
- 阅读难度系数⑤：限制在个位数

可读性统计数据仅作为指导方针；使用这些数据时，还要考虑写作的受众、意图和消息等相关内容。它们还是有一定误差的，所以只需将其视为参考，而不能作为最终结论来判断一篇文章的好坏。你们读到的这份备忘录的可读性指数显示，它的被动表述为 9%，平均句子长度为 17.2 个单词。（但凡我们要求你们达到的标准，我们也会努力做到。）

使用这些原则，无论你做什么事情

把这些理念应用到你们所有的写作当中。你们的事业远比这门课程要重要得多。对于一位高级管理人员或者是一位企业家来说，没有强有力的写作技能、无法说服他人是非常糟糕的弱点。着重提高写作方面的沟通造诣，这对于你们的未来是大有裨益的。作为一个简短的回顾，请记住以下原则：

- 设置一种强大又不失标准化的商务备忘录格式
- 正确使用语法
- 组织文章内容，使之具有说服力
- 使用微软 Word 可读性工具

这些原则几乎适用于所有的信件、电子邮件、提案、报告和商务信函，而不仅仅是备忘录。优秀强大的商务写作可以帮助你们取得更大的成功，而糟糕的商务写作可能成为你们的障碍。如果有进一步的问题，请联系施拉姆教授或是你们的专属培训师。

译者注：

① 因本书自英文版翻译过来，本节关于字体和格式的建议，主要是针对英文写作。在实际进行中文写作时，要根据实际情况而定，本节内容仅供参考。

② 衬线字体（serif）：西方国家的字母体系分为两类：serif 以及 sans serif。serif 是有衬线字体，意思是在字的笔画开始、结束的地方有额外的装饰，而且笔画的粗细会有所不同。相反的，sans serif 就没有这些额外的装饰，而且笔画的粗细差不多。serif 字体容易识别，它强调了每个字母笔画的开始和结束，因此易读性比较高，sans serif 则比较醒目。在中文阅读的情况下，文档适合使用 serif 字体（如宋体）进行排版，换行时保证单词的完整性，便于识别、理解，避免发生行间的阅读错误。

③ 微软 Word 可读性统计：帮助用户了解文档中包含的字符数、段落数、句子数等信息，以便了解该篇文章的阅读难易程度。

第一步：打开一个 Word 文件；

第二步：点击"文件"→"选项"；

第三步：选择"校对"；

第四步：寻找"在 word 中更正拼写和语法时"，并勾选"显示可读性统计信息"；

第五步：点击"审阅"→"检查文档"获取显示可读性统计信息。

④ 可读性分数（Flesch Reading Ease）是美国政府的标准，是一种对文本可读性进行评分的方法。分数范围在 1 到 100 之间，分数越高被认为更容易阅读。

⑤ 阅读难度系数（Flesch-Kincaid Grade Level）同为美国政府标准，难度系数越高，对读者的阅读能力的要求就越高。

附录 C　来自格伦·克拉蒙（Glenn Kramon）的写作法宝 ☰

　　这些建议摘自我们的对话内容，可以在这本书开篇的部分找到。如果想要看格伦建议的完整版本，可以到我们的网站上搜索。格伦的建议如下。

　　规则一　首先要问自己："我的受众是谁？"我知道你很清楚这一点，但让我无法释怀的是，你总是忘记。先想想：写这篇文章，我希望实现什么样的目标？我该怎么说服我的读者，让他们帮助我实现这一目标？我的诉求又是什么？

　　规则二　在你开始写作之前，确保你可以回答下面这个问题，这很重要！提问：如果要把你写的内容压缩为一个短语、一个句子或一个段落，你打算怎么写？记住：越短越好。换句话说，使用迷你裙（或游泳裤）原则：让它有长度，可以覆盖住你的关键部分，但是又要足够短，让它看起来更迷人。

　　◆使用更加通俗准确的单词和句子——"帮助"而不是"辅佐"或"襄助"，"使用"而不是"行使"，"开始"而不是"启动"，"改进"而不是"把事情做得更好"。就好像你在手机上打字——没完没了地在键盘上戳来戳去是很令人不快的，你会强迫自己少说几句。

◆"我们**正在**进行调查的**过程中**"为什么不说"我们正在调查"呢？"我**当前正在**为谷歌工作。"用"我在谷歌工作"不是一样好吗？

◆使用强势词汇。例如，为什么要说"她是令人难以置信的聪明"？"她很精明"就可以了。为什么要说"非常非常重要的"？你可以说它是"至关重要的"。"特别不寻常"也不如"罕见"或"非凡"。请记住，使用过多的副词确实是写作能力低下的迹象。

◆下列副词并不能增加文章的价值：

我**成功地**获得了奖学金

我把它**完全**压碎了

不幸的是，火车脱轨，造成 100 人死亡。

我们**绝对**肯定这次选举是被操纵的。

性别差距**完全**消失了。

技术怪咖（Geeky）**在社交方面**很尴尬。

规则三　写出来的文章要朗朗上口，就像你在和同事或朋友对话一样。避免使用缺乏人情味的、抽象的商业术语。用词要简单。

◆一个技巧：把想写的东西对着朋友说出来，然后记下你说的话。我认识一名记者，总是惊讶于她讲的故事比她写的文章有意思得多。所以，写完文章之后，大声地读出来。假装你的面前有一个朋友，或者有一群听众，面对他们，把你的信息传递出去。这样做可以帮助你去掉多余的、无用的词语，也可以让你听起来没有那么自命不凡，更加平易近人。

◆避免商业术语："鼓励"不要用"激励"，"受影响"

不要用"受波及"，"执行"不要用"贯彻"。

◆还有更糟糕的情况，使用一些无用的术语，比如"我在电子商务空间工作"（"空间"增加了什么特定的含义吗？），再比如"这是一种危机情况"（"情况"也是多余的），还有"我们有一套行动计划"（还有什么其他类型的计划呢？）。

规则四　在文章开篇阐明观点，不要放在最后。今天的人们越来越没有耐心。你们中有人上过电视吗？当摄像机的灯亮时，你大约只有三秒钟的时间来赢得你的观众，否则他们就换台了。正如我们的军队学生和上级交谈时学到的那样："B.L.U.F.—*Bottom Line Up Front*（先亮出底线）。"最重要的事情，最先说。

附录 D　领导力沟通推荐书目 ☰

你太了不起了，值得赞扬！你不仅仅看完了这本书，而且你现在还在读着附录，这真是令人印象深刻。为了感谢你的努力，我们在本附录中对后面参考书目的部分进行了整理。在参考书目里，我们试图面面俱到，包括施拉姆和卡拉为了进行教学和培训，在本书中参考和引用的全部书籍。

但是，作为一条捷径，我们在这里收录了最为学生和客户认可的 10 本书（除了你手中的这本）。我们已经告诉了你书名和作者（即：内容）以及每本书与沟通的相关之处（即：原因），接下来，我们把主动权交付到你的手中，由你决定是否要购买阅读（即：行动）。

（1）《粘住：为什么我们记住了这些、忘掉了那些？》（*Made to Stick: Why Some Ideas Survive and Others Die*），作者：奇普·希思，丹·希思（Chip and Dan Heath）。尽管这本书已经出版发行超过了 12 年，但它重新设定了"粘性信息"——所有领导者的目标。他们的成功模式是关键，使用后将有助于你的受众记住你传递的信息，并按照你的信息采取行动。

（2）《可信度准则：如何在最重要的时候展现信心和能力》

（*The Credibility Code: How to Project Confidence and Competence When It Matters Most*），作者：卡拉·希尔·奥特尔（Cara Hale Alter）。这本薄薄的书是对公众最实用的演讲指南。书名和她在 Google talk①上面的用户名一致，书中的内容会为你提供必不可少的资源，帮助你与你的团队建立自信心、找到存在感。

（3）《用数据讲故事：商务人士数据可视化指南》（*Storytelling with Data:A Data Visualization Guide to Business Professionals*），作者：科尔·努斯鲍默·纳福利克（Cole Nussbaumer Knaflic）。纳福利克精于发现图表中的不足和缺点，并将它们去除，再指导领导者使用数据说服他人。她还有自己的网站和博客，搜索她的姓名即可找到。

（4）《高能量姿势》（*Presence:Bringing Your Boldest Self to Your Biggest Challenges*），作者：埃米·卡迪（Amy Cuddy）。是的，我承认有些人质疑她的研究方法，但她的发现对我和我的学生都非常有效。不要只是看她 2012 年的 TED 演讲，还请阅读她在三年后出版的这本书。她的见解帮助了数百万人，让我们说起话来更加自信。

（5）《说话不紧张》（*Speaking Up Without Freaking Out*），作者：马特·亚伯拉罕斯（ Matt Abrahams）。书很薄，你可不要被骗了，觉得书薄就无足轻重。书里记录了各种策略和技巧，可以帮助你增加自信、减少焦虑。我的学生在学习结束后总要留下一些书籍，这就是其中一本。（有些人在进入领导岗位时，也会把本书推荐给自己的团队成员。）

（6）《创业推荐：成功获得投资的万能公式》（*The Startup*

Pitch: A Proven Formula to Win Funding），作者：克里斯·李普（Chris Lipp）。正如我们在路演一课中提到的，李普的方法简单直接，不但有用，而且还让创业变得更加轻松。根据他在科技博客 Tech Crunch 以及其他平台的经验和研究，他总结出了企业家开拓事业必须掌握的技能。

（7）《点燃团队：利用故事、仪式和符号凝聚人心、激发斗志的领导力沟通方法》（*Illuminate: Ignite Change Though Speeches, Stories, Symbols, and Ceremonies*），作者：南希·杜阿尔特（Nancy Duarte），帕蒂·桑切斯（Patti Sanchez）。好吧，杜阿尔特有两本书出现在这份清单里，但我把这本放在第一位，因为它全面地研究了 S 曲线的变化趋势和指导意义，为你和组织中的追随者指明方向。书中有一些非常重要的插页，这些才是向前发展过程中需要牢记和参考的关键。

（8）《绝对坦率：一种新的管理哲学》（*Radical Candor: Be a Kick-Ass Boss Without Losing Your Humanity*），作者：金·斯科特（Kim Scott）。斯科特设计出来的二乘二矩阵简单易懂、操作性强，全世界的绩效评估手册都应该用它当封面。它会激发你的思考，告诉你在给出反馈时如何兼顾"个体关怀"和"直接挑战"。这是所有领导者的必读书籍！

（9）《沟通：用故事产生共鸣》（*Resonate: Present Visual Stories That Transform Audiences*），作者：南希·杜阿尔特（Nancy Duarte）。它一直是我在斯坦福大学多年来的必修课教材。杜阿尔特超越了简单的视觉专长（参见她的第一本书——《演说：用幻灯片说服全世界》），着眼于精彩讲述的故事和精心打磨的演讲，将两者无缝衔接。我认为她使用的波形图是一大突破，让所有束手无策的领导者找到了吸引人眼球的方法，将重要的信息传递给带有抵触情绪的受众。

（10）《商务演示指南》（*Guide to Presentations*），作者：玛丽·芒特（Mary Munter），林恩·拉塞尔（Lynn Russell）。这本书是书单里资历最老的一本（也是唯一一本名副其实的教材），但是在我看来，书中提到的 AIM 模型经历了时间的考验。现在可能不会再版了，但是其中的内容绝对不过时。

（11）附加赠送：虽然还未拜读，但我强烈推荐大家看看我的同事黛布·格伦菲尔德（Deb Gruenfeld）的书《权力表现》（*Acting with Power*），该书将于 2020 年 4 月由和兰登书屋旗下的皇冠出版集团出版发行。她的工作在斯坦福大学商学院堪比传奇，我迫不及待地想要看到她的作品，了解商界领导者如何通过研究演员的表演获得启发和灵感。

译者注：

① Google talk：简称 Gtalk，是 Google 的 IM 工具，除了具有 IM 功能外，另外还加上了 Viop 功能，界面清新大方，可直接链接 Gmail 来接收、查看邮件。Google Talk 是 Google 的即时通讯方式，它可以进行文字聊天以及电脑对电脑的语音连接，Google 此举进一步激化了它和雅虎、微软以及美国在线之间的竞争。

参考文献 ☰

Aaker, Jennifer, and Smith, Andy. *The Dragonfly Effect: Quick, Effective, and Powerful Ways to Use Social Media to Drive Social Change.* San Francisco, California: Jossey-Bass, a Wiley Imprint. 2010. ISBN: 978–0–470–61415–0.

Abrahams, Matthew. *Speaking Up Without Freaking Out: 50 Techniques for Confident and Compelling Presenting.* Dubuque, Iowa: Kendall Hunt Publishing. 2010. ISBN: 978–1–4652–3738–5.

Alter, Cara Hale. *The Credibility Code: How to Project Competence When It Matters Most.* Meritus Books. 2012. ISBN: 978–0–9852656–0–1.

Anderson, Chris. *TED Talks: The Official TED Guide to Public Speaking.* New York, New York: Mariner Books. 2017. ISBN: 9780544634497.

Blake, Jenny. *Pivot: The Only Move That Matters Is Your Next One.* New York, New York: Penguin Random House. 2016, 2017. ISBN: 9781591848202.

Brosseau, Denise, and Kawasaki, Guy. *Ready to Be a Thought Leader?: How to Increase Your Influence, Impact, and Success.* Hoboken, New Jersey: John Wiley & Sons, Inc. 2013. ISBN: 978–1–118–79506–4.

Brown, Brené. *Daring Greatly: How the Courage to Be Vulnerable Transforms the Way We Live, Love, Parent, and Lead.* New York, New York: Gotham Books. 2012. ISBN: 978–1–592–40733–0.

Cabane, Olivia Fox. *The Charisma Myth: How Anyone Can Master the Art* and Science of Personal Magnetism. New York, New York. Portfolio/Penguin. 2012. ISBN: 978–1–59184–456–3.

Cain, Susan. *Quiet: The Power of Introverts in a World That Can't Stop Talking.* New York, New York: Broadway Paperbacks. 2012, 2013. ISBN: 978–0–307–35215–6.

Cuddy, Amy. *Presence: Bringing Your Boldest Self to Your Biggest Challenges.* New York, New York: Back Bay Books/Little, Brown and Company. 2015. ISBN: 978–0–316–25657–5

Diemeyer, Daniel. *Reputation Rules: Strategies for Building Your Company's Most Valuable Asset.* New York, New York: McGraw-Hill Books. 2016. ISBN: 978–0–07–176374–5.

Duarte, Nancy. *Resonate: Present Visual Stories That Transform Audiences.* Hoboken, New Jersey: John Wiley & Sons, Inc. 2010. ISBN: 978–0–470–63201–7.

Duarte, Nancy. *slide:ology: The Art and Science of Creating Great Presentations.* Sebastopol, CA: O'reilly Media, Inc. 2008. ISBN: 978–0–596–52234–6.

Duarte, Nancy, and Sanchez, Patti. *Illuminate: Ignite Change Through Speeches, Stories, Ceremonies, and Symbols.* New York, New York: Portfolio/Penguin. 2016. ISBN: 978–1–101–98016–3.

Ertel, Chris, and Solomon, Lisa Kay. *Moments of Impact: How to Design Strategic Conversations That Accelerate Change.* New York, New York: Simon & Schuster. 2014. ISBN: 978–1–4516–9762–9.

Gallo, Carmine. *The Presentation Secrets of Steve Jobs: How to Be Insanely Great in Front of Any Audience.* New York, New York: McGraw-Hill. Gallo, Carmine, publisher. 2010. ISBN: 978–0–07–163608–7.

Grand, Adam, and Sandberg, Sheryl. *Originals: How Non-Conformists Move the World.* New York, New York: Penguin Books. 2016. ISBN:

9780143128854.

Grant, Adam. *Originals: How Non-Conformists Rule the World.* New York, New York: Penguin Books. 2016. ISBN: 97805254

Heath, Chip, and Heath, Dan. *Decisive: How to Make Better Choices in Life and Work.* New York, New York: Crown Business 2013. ISBN: 978–0–307–95639–2.

Heath, Chip, and Heath, Dan. *Made to Stick: Why Some Ideas Survive and Others Die.* New York, New York: Random House. 2007, 2008. ISBN: 978–4000–6428–1.

Heath, Chip, and Heath, Dan. *The Power of Moments: Why Certain Experiences Have Extraordinary Impact.* New York, New York: Simon & Schuster. 2017. ISBN: 978–1–5011–4776–0.

Heath, Chip, and Heath, Dan. *Switch: How to Change Things When Change Is Hard.* New York, New York: Crown Publishing Group. 2010. ISBN: 978–0–385–52875–7.

Heath, Kathryn, Flynn, Jill, and Davis Holt, Mary. "Women, Find Your Voice: Your Performance in Meetings Matters More Than You Think." *Harvard Business Review,* June 2014.

Ivester, Matt. *lol . . . OMG!: What Every Student Needs to Know About Online Reputation Management, Digital Citizenship and Cyberbullying.* Reno, Nevada: Serra Knight Publishing. 2011. ISBN: 978–1466242074.

Kay, Katty, and Shipman, Claire. "The Confidence Gap," *The Atlantic,* May 2014.http://www.theatlantic.com/magazine/archive/2014/05/theconfidencegap/359815/ .

Kinsey-Goman, Carol. *The Silent Language of Leaders: How Body Language Can Help—or Hurt—How You Lead.* San Francisco, California: Jossey-Bass/Wiley. 2011. ISBN: 978–0–470–87636–7.

Lamott, Anne. *Bird* by *Bird: Some Instructions on Writing and Life.* New

York, New York: Anchor Books/Random House. 1995. ISBN: 978–0–385–48001–7.

Lewis, Mike. *When to Jump: When the Job You Have Isn't the Life You Want.* New York, New York: Henry Holt & Company. 2018. 9781250124210.

Lipp, Chris. *The Startup Pitch: A Proven Formula to Win Funding.* Palo Alto, California: Amazon. 2014. ISBN: 978–0–9911137–0–5.

Mehrabian, Albert. *Silent Messages.* Belmont, California: Wadsworth Publishing Company. 1981. ISBN: 0–534–00910–7.

Munter, Mary, and Russell, Lynn. *Guide to Presentations.* Upper Saddle River, New Jersey: Pearson Education, Inc. 2002. ISBN: 0–13–035132–6.

Nagle, Alice. *Savvy!: The Young Woman's Guide to Career Success.* Silicon Valley, California: Thorne Connelly Publishing. 2015. ISBN: 978–0–692–20220–3.

Neffinger, John, and Kohut, Matthew. *Compelling People: The Hidden Qualities That Make Us Influential.* New York, New York: Hudson Street Press/Penguin Group. 2013. ISBN: 978–1–59463–101–6.

Nussbaumer Knaflic, Cole. *Storytelling with Data: A Data Visualization Guide for Business Professionals.* Hoboken, New Jersey: John Wiley & Sons, Inc. 2015. ISBN: 9781119002253.

Osterwalder, Alexander, and Pigneur, Yves. *Business Model Generation.* Hoboken, New Jersey: John Wiley & Sons, Inc. 2010. ISBN: 978–0470–87641–7.

Peterson, Joel, and Kaplan, David A. The *Ten Laws of Trust: Building the Bonds That Make a Business Great.* New York, New York: AMACOM. 2016. ISBN: 9780814437452.

Pink, Daniel. *Drive: The Surprising Truth About What Motivates Us.* New York, New York. Riverhead Books. 2009. ISBN: 978–1–59448–884–9.

Russell, Lynn, and Munter, Mary. *Guide to Presentations.* 4th Edition.

"Pearson "Guide to" Series in Business Communication." Upper Saddle River, New Jersey: Pearson. 2013. ISBN: 0–13–035132–6.

Scott, Kim. *Radical Candor*: *Be a Kick-Ass Boss Without Losing Your Humanity*. New York, New York: St. Martin' s Press. 2017. ISBN: 9781250103505.

Solomon, Lisa. *Design a Better Business: New Tools, Skills, and Mindset for Strategy and Innovation*. Hoboken, New Jersey: John Wiley & Sons. 2016. ISBN: 9781119272113.

Solomon, Lisa. *Moments of Impact: How to Design Strategic Conversations That Accelerate Change*. New York, New York: Simon & Schuster. 2014. ISBN: 978–1–4516–9762–9.

Weissman, Jerry. *In the Line of Fire: How to Handle Tough Questions . . . When It Counts*. Upper Saddle River, New Jersey: Pearson Education/Prentice Hall. 2005. ISBN: 0–13–185517–4.

Weissman, Jerry. *Presenting to Win: The Art of Telling Your Story*. Upper Saddle River, New Jersey: Pearson Education/Prentice Hall. 2003. ISBN: 0–13–046413–9.

致谢 三

其他作者告诉我，只有读到这个部分的人，才是你要记得在"致谢"部分点名感谢的人。我还是很担心会有一些人被我落下——认认真真地看到这里，却没有找到自己的名字。所以，让我先道个歉，如果我在匆忙中遗漏了哪位，抱歉！这本书得以完成、出版并且发行，是整个团队努力的结果。感谢，感谢你们所有人！

首先，也是最需要感谢的人，是无私奉献的合作作者卡拉·莱维，她坚信我们一定可以完成这部作品，并且在我打退堂鼓的时候激励我坚持下去。她是极具天赋的作者、有能力的编辑，更是杰出的合作伙伴。此外，无论是书面表达，还是口头沟通方面，她都是不可多得的培训师。在我们合作期间，她会给出一些温和的（当然，有时也不那么温和）指导，让我受益匪浅。卡拉，没有你的帮助，这本书只能是我永远无法实现的梦想。如今它问世了，让我们一起激励更多的领导者进行更有效的沟通。

显然，如果没有 Wiley①出版社的编辑珍妮·雷（Jeanenne Ray）和项目编辑维姬·阿当（Vicki Adang）的组织安排，这本书也无法修成正果。后续的工作又由维多利亚·安洛（Victoria

Annlo）、道恩·基尔戈尔（Dawn Kilgore）和丽贝卡·塔夫（Rebecca Taff）接手。我很感激 Wiley 出版社找到了我，而且给与了我足够的耐心和时间，让我能完成这本书。无论是从本书的发行速度还是准确性来说，Wiley 的整个团队都值得称赞。

接下来，我们必须感谢各位斯坦福大学商学院的同事，他们有些已经离任，有些依旧与我共事。在写作过程中，他们邀请我们走进他们的课堂，获得更多的信息和灵感。我们要逐一感谢：马特·亚伯拉罕斯（Matt Abrahams）、伯特·阿尔珀（Burt Alper）、大卫·德马勒斯特（David Demarest）、艾莉森·克鲁格（Allison Kluger）、雷蒙德·纳斯尔（Raymond Nasr）、大卫·施韦德尔（David Schweidel）和斯蒂芬妮·索莱尔（Stephanie Soler）。我还得到了斯坦福大学商学院管理层的幕后支持，特别是院长乔纳森·莱文（Jonathan D. Levin）、高级助理院长马达夫·拉扬（Madhav Rajan）和尤西·范伯格（Yossi Feinberg）。此外，这项工作还获得了许多培训师、讲师、助教，以及学生的大力支持，要感谢的人太多，就不一一点名了。谢谢你们！

此外，我非常感谢那些阅读过初稿并愿意提供反馈或支持的人，包括乔尔·彼得森（Joel Peterson）——他还为我撰写了序言、亚当·格兰特（Adam Grant）、金·斯科特（Kim Scott）、乔纳森·莱文（Jonathan D. Levin）、南希·杜阿尔特（Nancy Duarte）、基兰·伦丁（Kylan Lundeen）、史蒂夫·梅拉斯（Steve Mellas）、迈克尔·罗伯托（Michael Roberto）、麦克·刘易斯（Mike Lewis）、艾琳·乌里图斯（Erin Uritus）、约翰·特德斯特罗姆（John Tedstrom）、莫莉·爱泼斯坦（Molly Epstein）和蒂姆·弗拉德（Tim Flood）。一路走来，还有雪莉·沙阿克（Sherry Shaker）、保罗·霍夫斯特勒（Paul Huffstedler）、雅克奎林·劳（Jacqulyne Law）、普里扬卡·巴斯尼亚特（Priyanka Basnyat）、格雷戈里·霍尔姆斯（Gregory Holmes）、威尔·汉森（Will Hanson）和基弗·希克曼（Kiefer Hickman），你们在各个方面，为我们的努力提供了支持。

在写这本书时，我开始在奈特—汉尼斯学者奖学金项目中担任新的角色，只是刚刚起步，就已经从约翰·汉尼斯校长和德里克·博尔顿主任那里获得了指导，我从杰出的专业团队中获得支持，受益良多。

虽然我在哥伦比亚大学的经历相对较短，但它对我的教学和领导力的影响却很大。我尤其欣赏贝基·海诺（Becky Heino）、阿拉贝拉·波拉克（Arabella Pollack）、凯·赖特（Kai Wright）和蒂姆·杜西（Tim Doocey），他们独到的见解，为本书的构思提供了极大的帮助。

在管理沟通学领域，我获得了来自全球各所顶尖商学院一众同僚的鼎力支持。我要感谢埃默里大学的莫莉·爱泼斯坦（Molly Epstein）、北卡罗来纳大学教堂山分校的蒂姆·弗拉德（Tim Flood）、范德堡大学的金伯利·佩斯（Kimberly Pace）、麻省理工学院的卡拉·布莱克本（Kara Blackburn）、乔治敦大学的伊夫林·威廉姆斯（Evelyn Williams），以及所有激励我慷慨分享的管理交流协作成员。我的职业生涯始于纽约大学，师承传奇人物欧文·申克勒（Irv Schenkler），2003 年春天，他给了我一个机会，成就了我今天的事业，对此我无比珍视。

我对写作和说话的热爱源自于我的生活。很多伟大的教育工作者都曾对我提出更高的挑战，尤其是玛丽·罗斯·罗尔（Mary

Rose Rohr）、凯·霍夫曼（Kay Hoffman）、朱琳·斯特克莱因（Juleen Stecklein）、大卫·韦斯林（David Wessling）、方济会嘉布遣会的布莱恩·伯基神父（Fr. Blaine Burkey）和罗纳德·弗雷德里克森（Ronald Q. Frederickson）。我在堪萨斯州的经历和所学依旧是我的根基，它们造就了我今天的教学和写作风格。

还有旧金山的 Battery 酒店，那是我创作高产的圣地之一，我的大部分的手稿是在那里完成的。我真希望届时可以回到那里庆祝这本书的出版！

在写作的过程中，还有许多朋友给与了我莫大的支持，包括芭芭拉·布拉森（Barbara Bryson）、马修·兰伯特（Matthew Lambert）、克里斯·利普（Chris Lipp）、蒂娜·西利格（Tina Seelig）、奇普·希斯（Chip Heath）、詹妮弗·艾克（Jennifer Aaker）、杰夫·费弗（Jeff Pfeffer）、凯·赖特（Kai Wright）、麦克·刘易斯（Mike Lewis）和迈克尔·罗伯托（Michael Roberto）。看到你们所取得的成就，我身受鼓舞，很高兴（终于）成为你们当中的一员。

我一开始就想把这本书献给我的爱人和孩子们，所以最后，我再次感谢他们。他们对我无比宽容，让我独处以进行写作和修改。在我需要休息的时候，贴心地来给我"捣乱"。约书亚、罗姆、托比还有肯，你们就是托起我翅膀的风，是我做任何事情的动力，感谢你们，非常感谢你们给我这个机会，陪我完成这项工作。

译者注：

① Wiley：1807 年创立于美国的出版商，它不仅是全球历史最悠久、最知名的学术出版商之一，也是美国极具权威的 CPA 教材之一，享有世界第一大独立的学术图书出版商和第三大学术期刊出版商的美誉。

关于作者 ☰

　　施拉姆教授是斯坦福大学商学院掌握主动沟通的学科创始人和领导者，自 2007 年以来，他一直担任组织行为学讲师。他帮助斯坦福大学商学院进行沟通课产品开发，从 2007 年的一无所有，到 2019 年开设了 20 门选修课程。他还与他人合作，创立了 LOWKeynotes 项目，参加项目的学生可以和专业的沟通培训师一起工作、构思、准备，并面向同为学生的受众，进行一场类似 TED 的 9 分钟演讲。他目前仍在教授研究生沟通课程，同时还在斯坦福大学奈特—汉尼斯学者奖学金项目中任职，担任全球领导力项目的演说督导一职，同时继续教授研究生沟通学课程。

　　施拉姆曾在 TED 和 TEDx 上发表过演讲，还为其他很多在 TED 上做演讲的人提供指导和培训。他写的文章曾发表在《华盛顿邮报》《旧金山纪事报》《赫芬顿邮报》和 HBR 网站上。作为一名优秀的演讲者和培训师，他与各大公司和社团合作，其中包括美国卓越社区学院阿斯彭研究所、Qualtrics 公司、青年总裁协会、脸书、突破线咨询公司、简街金融、基因技术、Ciena科技、AQR 资本、亚当斯街合作伙伴以及谷歌。施拉姆提倡自杀预防、关注寄养服务以及艾滋病毒和艾滋病防控研究。

在 2018~2019 学年，哥伦比亚大学在旧金山成立了一个新机构，施拉姆来到西海岸，担任了职业设计实验室的学术主任。他拥有宾夕法尼亚大学教育学博士学位，所学为高等教育领导学专业，还拥有纽约大学斯特恩商学院工商管理硕士学位，以及堪萨斯州恩波里亚州立大学戏剧学学士学位。

卡拉·莱维是旧金山湾区的一名高级管理学沟通及领导力培训师。她是斯坦福大学商学院掌握主动沟通的早期成员，也是从这里开启了自己的培训师生涯，在之后的 10 年里，她从事各种各样的培训，包括 LOWKeynotes 项目和印度创新成长项目。卡拉的培训和训练方法为成千上万的领导者提供了工具，让他们成为更加自信的演说者，哪怕是即兴演讲也游刃有余；让他们成为优秀的作者，写文章更快、更好；让他们成为更好的讲述者，讲出引人入胜的好故事；让他们成为问题的解决者，能够更加设身处地地高效解决问题；将他们打造成平易近人、又具有执行力的领导者形象。她在硅谷的合作对象范围广阔，包括家喻户晓的公司，比如脸书和销售力，也有刚刚开始打造公司文化的初创企业。卡拉拥有哥伦比亚大学的小说写作艺术硕士学位，现在和女儿一起生活在旧金山。

译者后记 ☰

英特尔（Intel）的前 CEO（Chief Executive Officer，首席执行官）安迪·葛洛夫说过："我们沟通得结果如何，并非取决于我们说得好不好听，而是取决于对方听进去多少。"有效的沟通是让对方可以理解我们想要表达的内容。但是这并不容易，因为我们是否被很好地理解并不完全取决于我们自己。

由于人与人的差异，使得人们之间的沟通出现各种各样的障碍，有时我们过于关注如何让受众理解我们的想法，给出我们想要的结果。为了达到这个目的，我们可能会执着于使用沟通的技巧，最终偏离了沟通的初衷。

然而，当我有幸翻译 J.D. 施拉姆教授所著的《斯坦福大学沟通课：学会讲话与写作》一书后，感觉此书可以帮助我以及和我有同样困惑的领导者们。施拉姆教授告诉我们：比起技巧，更重要的是我们的沟通心态。而正确的沟通心态则是真诚——守住自己的初心，真诚地为受众着想，真诚地制作沟通材料，真诚地向外传递沟通内容。

同时，施拉姆教授告诉我们沟通是可以按照流程进行的。他在本书第一部分（学会说话与写作）提供的"AIM 三角模型"

和"领导力沟通画布模型"简单有效，从说话和写作两个方面讲解模式的使用方法，堪称保姆级实用手册，帮助我们直面并有效地处理各种各样的沟通。

在本书的第二部分（定制你的专属沟通——目标、场合、个人特质），施拉姆教授还将理论与实践紧密结合在一起，根据不同的目标、场合和个人特质，帮助我们定制自己的专属沟通，其中关于"自我揭露"的部分让我深受启发。

施拉姆教授本人的人格魅力也给我留下了深刻的印象。他平易近人，有问必答。当在翻译过程中遇到问题和感到困惑的时候，我们常常通过邮件进行沟通，他每次都会认真耐心地回答我的问题，有时还用图形和表格加以补充。第八章（培训他人时）中的"+/Δ"列表是原著中都没有的干货内容。

感谢清华大学出版社经管零售书编辑室主任刘洋老师给我这个机会，并且在翻译过程中给我提供很多的帮助。

由于时间和能力有限，译文中还可能存在一些不足之处，请读者们批评指正。

包丽歌

2023 年 8 月 8 日